Filosofia da Educação

Dados Internacionais de Catalogação na Publicação (CIP)
(Câmara Brasileira do Livro , SP, Brasil)

Luckesi, Cipriano Carlos.
 Filosofia da educação / Cipriano Carlos Luckesi — 3. ed.
— São Paulo : Cortez, 2011.

 ISBN 978-85-249-1622-9

 1. Educação — Filosofia I. Título.

10-06285
                                                                CDD-370.1

Índices para catálogo sistemático:

1. Educação : Filosofia   370.1
2. Filosofia da educação   370.1

Cipriano Carlos Luckesi

Filosofia da Educação

3ª edição
6ª reimpressão

FILOSOFIA DA EDUCAÇÃO
Cipriano Carlos Luckesi

Capa: aeroestúdio
Preparação de originais: Sandra Brazil
Revisão: Agnaldo Alves
Composição: Linea Editora Ltda.
Coordenação editorial: Danilo A. Q. Morales

Nenhuma parte desta obra pode ser reproduzida ou duplicada sem autorização expressa do autor e do editor.

© 1990 by Cipriano Carlos Luckesi

Direitos para esta edição
CORTEZ EDITORA
Rua Monte Alegre, 1074 — Perdizes
05014-001 — São Paulo - SP
Tel.: (11) 3864-0111   Fax: (11) 3864-4290
E-mail: cortez@cortezeditora.com.br
www.cortezeditora.com.br

Impresso no Brasil — junho de 2019

Sumário

Prefácio à 2ª edição 11

Apresentação 21

Introdução 23
   1. Aspectos teóricos 23
   2. Perspectivas metodológicas 24
   3. Sugestões de procedimentos de ensino 25

1ª PARTE
Da Filosofia da Educação à Pedagogia

CAPÍTULO 1 Filosofia e educação: elucidações conceituais e articulações 33
   1. Filosofia 33
   2. O processo do filosofar 42
   3. Filosofia e educação 45
   4. Pedagogia 48
   5. Procedimentos de estudo e ensino 49

CAPÍTULO 2 Educação e sociedade: redenção, reprodução e transformação 51

1. Educação como redenção da sociedade 52
2. Educação como reprodução da sociedade 56
3. Educação como transformação da sociedade 65
4. Conclusão.. 68
5. Procedimentos de estudo e ensino 68

CAPÍTULO 3 Tendências pedagógicas na prática escolar 71

1. Pedagogia liberal 72
   1.1 Tendência liberal tradicional.. 75
   1.2 Tendência liberal renovada progressivista.......................... 76
   1.3 Tendência liberal renovada não diretiva............................. 78
   1.4 Tendência liberal tecnicista 80
2. Pedagogia progressista 83
   2.1 Tendência progressista libertadora 84
   2.2 Tendência progressista libertária.. 87
   2.3 Tendência progressista "crítico-social dos conteúdos"...... 90
   2.4 Em favor da pedagogia crítico-social dos conteúdos......... 95
3. Procedimentos de estudo e ensino 97

CAPÍTULO 4 A escola que queremos: instância onde a Pedagogia se faz prática docente 99

1. A escola como instância mediadora da pedagogia.................... 101
2. Uma perspectiva para a escola como instância de mediação pedagógica... 105
3. Procedimentos de estudo e ensino 113

2ª PARTE

Do senso comum pedagógico à postura
crítica na prática docente escolar

CAPÍTULO 5 Filosofia do cotidiano escolar: por um diagnóstico do senso comum pedagógico 117

1. O senso comum 118
2. O senso comum pedagógico 122
   2.1 Os sujeitos do processo educativo 122
       a) O educador 122
       b) O educando 123
   2.2 O conhecimento e seu processo 127
   2.3 O conteúdo a ser assimilado 129
   2.4 Material didático 130
   2.5 Métodos e procedimentos de ensino 131
   2.6 Síntese dos elementos do senso comum pedagógico 132
3. Razões da permanência do senso comum 133
4. Procedimentos de estudo e ensino 134

CAPÍTULO 6 Sujeitos da práxis pedagógica: o educador e o educando 137

1. O ser humano 138
2. Os sujeitos da práxis pedagógica 144
   2.1 O educador 144
   2.2 O educando 147
3. Conclusão: relação educador-educando 149
4. Procedimentos de estudo e ensino 150

CAPÍTULO 7 O conhecimento: elucidações conceituais e procedimentos metodológicos... 153

1. O conhecimento 153
2. Formas de apropriação da realidade através do conhecimento 156
   2.1 O conhecimento direto da realidade (método da investigação)... 158
   2.2 O conhecimento indireto da realidade (método de exposição) 161
3. O conhecimento na escola 164
4. Procedimentos de estudo e ensino.......................... 166

CAPÍTULO 8 Conteúdos de ensino e material didático 169

1. Conteúdos escolares... 169
   1.1 Os conteúdos escolares e as tendências pedagógicas......... 169
   1.2 Os conteúdos escolares na "escola que queremos"........... 173
      1.2.1 Os conteúdos escolares................................. 173
      1.2.2 Os conteúdos que interessam......................... 175
      1.2.3 O cotidiano e o elaborado na prática educativa escolar 176
2. Livros didáticos.. 181
3. Procedimentos de estudo e ensino.......................... 183

CAPÍTULO 9 Procedimentos de ensino................................ 185

1. Método e procedimento de ensino.......................... 187
2. Procedimentos de ensino e tendências pedagógicas 193
3. Procedimentos de ensino no cotidiano escolar............ 195
4. Consequências para a prática docente..................... 197
5. Procedimentos de estudo e ensino.......................... 198

FILOSOFIA DA EDUCAÇÃO

3ª PARTE

Da Pedagogia à prática docente

CAPÍTULO 10 Didática: elemento articulador entre Pedagogia e prática docente......... 203

1. Princípios pedagógicos 204
2. Elementos para uma didática......... 208
   2.1 Pontos de referência do processo didático......... 208
   2.2 Elementos para uma didática 209
       2.2.1 Planejamento......... 209
       2.2.2 Execução da ação planejada......... 211
       2.2.3 Avaliação da ação executada 213
3. Conclusão......... 215
4. Procedimentos de estudo e ensino 216

Anexo

Sugestões de livros para leitura paralela pelos alunos......... 219

Bibliografia geral......... 221

Prefácio à 2ª edição

Vinte anos depois!

Este livro foi publicado há vinte anos e seu lançamento teve lugar na Bienal do Livro de São Paulo, no ano de 1990. Fora elaborado para compor a "Coleção Magistério", editada pela Cortez Editora, cuja função era subsidiar a formação de professores no nível do Ensino Médio, que, na época, se denominava Ensino de 2º Grau, para atuar como educadores no Ensino Fundamental, naquele momento, chamado de Ensino de 1º. Grau, nas séries iniciais.

Com a publicação da Lei de Diretrizes e Bases da Educação Nacional, no ano de 1996, a formação para o Magistério no nível do ensino médio deixou de existir, passando essa diplomação para o nível superior de ensino no país. Com isso, a "Coleção Magistério" perdia sua função, contudo alguns dos títulos desse grupo de livros continuaram a ser utilizados nos processos formativos para educadores, que buscavam uma titulação de nível universitário. Um desses livros foi o de *Filosofia da Educação*, de minha autoria.

De fato, esse livro não foi utilizado somente para a Formação do Magistério, tendo em vista obter titulação do Nível Médio de Ensino. Desde sua publicação, também esteve nas mãos de estudantes de Pedagogia, assim como das Licenciaturas. Desse modo, mesmo com o advento da LDB/96, ele continuou a ter seu lugar entre os textos utilizados para a formação de educadores no país. Passados quatorze anos da edição da

Lei, os seus capítulos continuam a estimular educadores e educandos no processo de formação de profissionais para o magistério, todavia, agora, de qualquer nível de diplomação.

Por já não fazer sentido que esse livro continue a circular em nosso meio sociocultural com uma capa indicativa da antiga "Coleção Magistério", a Cortez Editora, ciente da demanda ainda presente deste livro como recurso de estudo e formação dos estudantes das áreas pedagógicas, resolveu fazer uma segunda edição do livro, após sucessivas 25 reimpressões bem-sucedidas da 1ª edição, com uma capa que indicasse sua independência da "coleção". Para tanto, solicitou-me, num primeiro momento, um prefácio para esta segunda edição e, posteriormente, uma revisão geral do livro.

Atendendo a essa solicitação da Editora, dispus-me produzir um novo Prefácio, tendo em vista a independentização do livro em relação à Coleção original, da qual fez parte, e, para um futuro próximo, proceder a uma revisão do livro, como um todo.

De fato, cotejando os capítulos do livro, publicados há vinte anos passados, de um lado, verifico sua atualidade e, de outro, a necessidade de atualizações aqui e acolá, pois que em vinte anos muitos estudos novos apareceram no meio científico e cultural, assim como, nesse período, o autor também processou mudanças e compreensões pessoais da vida e dos acontecimentos do mundo, o que implica precisar ou ampliar algumas abordagens. Todavia, falando de um modo genérico, considero tanto a estrutura do livro em três partes, quanto o tratamento dos temas, bastante adequados.

Neste prefácio para a 2ª edição, desejo sinalizar alguns pontos que merecem novos cuidados, seja no que se refere aos conteúdos, como também a questão metodológica de abordagem dos conteúdos nele tratados. Para tecer as observações deste Prefácio, seguirei as **partes** e **capítulos**. Por vezes, neste prefácio, estarei confirmando pontos de vistas já explicitados ou os aprimorando, assim como, aqui e acolá, indicando aspectos que merecem tratamentos novos. Por isso, é interessante que os usuários deste livro leiam este prefácio.

A 1ª Parte do livro, intitulada "Da Filosofia da Educação à Pedagogia", continua sendo base para quem deseja ter uma compreensão do pano de fundo que configura as práticas pedagógicas, hoje vigentes no país. Essa parte do livro tem como objetivo oferecer aos leitores e aos estudantes regulares da área de educação um recurso metodológico para pensar, escolher e agir na prática educativa. Os estudos aqui propostos têm um destino prático: aprender o exercício de filosofar no âmbito da educação.

Não podemos agir conscientemente em educação, a menos que tenhamos clareza de qual é a cosmovisão que dá base às nossas decisões no cotidiano escolar. Nossas ações cotidianas na família, na escola, assim como na vida social, são realizadas em consonância com nossas crenças mais profundas, que, por vezes, até mesmo são inconscientes, contudo o ideal seria que fossem sempre conscientes, daí a necessidade de estudos da filosofia em geral e da filosofia da educação, em específico, tendo em vista o fato de que cada educador saiba em razão do que está agindo.

Desse modo, essa primeira parte do livro continua atualíssima, pois que está comprometida com a compreensão do que é a filosofia e do seu papel junto àqueles que atuam na prática pedagógica diária (cap. 1), subsidiando ainda ter consciência das tendências filosóficas que estão por trás das grandes e complexas modalidades de entender e dirigir a educação praticada na vida moderna e contemporânea (caps. 2 e 3), chegando ao quarto capítulo no qual abordei a "Escola que queremos".

Continuo a pensar que, de fato, na configuração da "escola que queremos", necessitamos de cuidar dos três aspectos mencionados no capítulo: (01) mediação dos conteúdos socioculturais, como (02) recurso de aprendizagem, o que consequentemente, dá suporte à (03) formação do educando. Reafirmo, pois, esses pontos como aqueles que constituem o núcleo fundamental dessa escola.

Afinal, nós nos formamos a partir de uma herança genética como base para tudo o mais na vida, somada à vivência de múltiplas e variadas experiências socioculturais. Para tanto, o educando necessita da mediação do adulto para que ingresse nos mistérios e nos afazeres do mundo, constituindo sua personalidade. E, por último, necessita de constituir seu mundo afetivo, o menos limitado possível, de tal forma que suas relações com os outros, com o mundo e com a vida possam dar-se do modo mais fluido possível.

Os estudantes, que se preparam para tornarem-se educadores, necessitam de ter consciência clara sobre os valores (filosofia) que orientam sua ação na vida e que orientarão sua ação como profissionais da educação. Sem essa lucidez, caminhar-se-á no escuro, porém importa caminhar no claro.

Assim, sugiro que o professor de Filosofia da Educação, no processo de formação de futuros educadores, esteja suficientemente atento ao ensino e aprendizagem dos seus educandos, tendo em vista o fato de que efetivamente se apropriem da filosofia e de sua metodologia de conhecimento, assim como tomem consciência dos caminhos traçados para a educação, historicamente situada, de tal forma que possam avaliar e decidir por qual caminho desejam seguir. Importa que os estudantes de Filosofia da Educação integrem essas compreensões como recurso no cotidiano de suas vidas pessoais e profissionais. A Filosofia é um modo de compreender e de ser na vida, muito mais do que um cabedal de informações sobre os períodos históricos e seus pensadores.

A 2ª Parte do livro — "Do senso comum pedagógico à postura crítica na prática docente escolar" — foi escrita tendo em vista possibilitar que os estudantes em formação na área pedagógica possam aprender a investigar e pensar filosoficamente em torno dos componentes comprometidos com a vida escolar diária.

O capítulo 5 — "Filosofia do cotidiano escolar: por um diagnóstico do senso comum pedagógico"— tem como objetivo possibilitar ao estudante uma exercitação do filosofar como o meio de praticar o que Antonio Gramsci nos ensinou no capítulo 1 deste livro: ultrapassar o senso comum e atingir o senso crítico. Para tanto, (01) inventariar o senso comum, (02) criticar os seus princípios (no mais das vezes, inconscientes), tendo por base um critério consistente e significativo e, a seguir, (03) reconstruir valores e significados que orientem sua ação, de um modo consciente. Esse é o exercício vivo do filosofar, que está para além da apropriação dos conceitos elaborados pelos filósofos do passado e do presente. Importa que o estudante aprenda a filosofar sobre o seu cotidiano, de tal forma que essa prática passe a ser um recurso que sempre lhe estará disponível. Desse modo, a prática de pensar filosoficamente a educação passará a ser um hábito cotidiano. Quanto mais se pratica, mais se refina essa habilidade.

Os capítulos subsequentes — 6 — "Sujeitos da práxis pedagógica: educador e educando"; 7 — "O conhecimento: elucidações conceituais e procedimentos metodológicos"; 8 — "Conteúdos de ensino e material didático"; 9 — "Procedimentos de ensino"— têm o mesmo objetivo que a 2ª Parte como um todo, isto é, permitir que os estudantes aprendam a pensar e compreender o significado de cada um dos elementos do cotidiano escolar, com os quais, hoje, se deparam estudantes, e, amanhã, os profissionais da educação. Será de suma importância, no estudo desses capítulos, que o estudante, mais do que apropriar-se das ideias do autor, aproprie-se da metodologia do pensar crítico e construtivo. Se cada estudante aprender isso, ele seguirá na vida independente e autônomo para cuidar do seu cotidiano, de uma forma consistente e crítica.

Ainda no que se refere à 2ª Parte do livro, desejo fazer um adendo ao capítulo 6 — "Sujeitos da práxis pedagógica: educador e educando". Quando escrevi esse capítulo — que, ainda, o considero consistente e significativo naquilo que está exposto —, não havia me apropriado, tão consistentemente quanto o fiz mais recentemente, do componente psico-emocional do ser humano. Educador e educando, sendo sujeitos histórico-sociais, constituem-se como seres bio-psico-espirituais. Quando escrevi esse capítulo no final dos anos oitenta do século vinte, estive mais voltado para uma abordagem que incluísse um olhar, ao mesmo tempo, filosófico, histórico e sociológico do ser humano. Naquele momento, não estava atento aos outros elementos, que o constituem como um ser extremamente complexo. Especialmente, não estava atento ao componente emocional, importantíssimo em todos os nossos atos, mas, de modo privilegiado, nas relações interpessoais, que, afinal, constituem grande parte do nosso cotidiano como pessoas quanto como educadores. Do modo como dissemos no capítulo, parafraseando Paulo Freire, somos "seres de relações", seja com o mundo material e cultural, seja com as pessoas que nos cercam. Sempre estamos em relação e, em todas as nossas relações, o fator emocional está presente.

Tudo o que fazemos está configurado pela nossa vivência emocional, sejam atos que fluem ou que emperram, sejam atos saudáveis ou neuróticos, sejam atos de integração ou de exclusão..., todos estão comprometidos com a marca emocional, seja como sentimentos afáveis e acolhedores, seja como expressão de amor, seja como expressão de violência ou raiva, seja como expressão de coragem ou medo, seja como expressão de compaixão..., ou outras mais atitudes. Com nosso componente emocional, acordamos, atravessamos o dia e repousamos pela noite. Por vinte e quatro horas, instante a instante, ele está presente. Nada fazemos sem que ele esteja presente.

Nas relações interpessoais, existe uma gama de possibilidades, que vai desde uma relação amorosa, amistosa, afável, passando pelas relações profissionais, acéticas, jurídicas, do dever, chegando às relações de hostilidade e agressão, passando, entre essas, por muitas outras possibilidades. Em todas essas relações fazem-se presentes interferências de nossa biografia, que está marcada por experiências emocionais tanto positivas como negativas. Todos, estejamos na idade que tivermos hoje, temos um passado biográfico e ele é determinante para nossas relações. Tanto ele pode ter nos dado uma base para nos relacionarmos de um modo fluido, como pode ter nos dado base para um modo difícil de nos relacionamos com o mundo e com os outros.

No decorrer de nossa vida, aprendemos a nos relacionar. Se, no nosso passado, fomos traumatizados bio-psicológica e espiritualmente, certamente que agimos influenciados, de modo automático, comum e inconsciente, determinados por essas situações traumáticas. Como também, se no passado, não aprendemos a nos relacionar com o mundo e com os outros, tendo por base as exigências da realidade, certamente, em nossa vida adulta, agiremos de forma egocentrada, como define Jean Piaget, desejando "tudo" para nós.

Freud, corretamente, compreendeu que, se um sujeito, esteja na altura em que estiver da vida, numa determinada circunstância qualquer, tiver uma reação (resposta) desproporcional à circunstância, essa reação não é do presente, mas sim determinada por experiências do passado biográfico de cada um. Ele denominou essa reação automática de projeção do passado sobre o presente, denominando esse fenômeno de transferência, que ocorre quando sujeito dependente projeta no detentor do lugar de autoridade seus desejos frustrados, e de contratransferência, quando o detentor do lugar de autoridade responde no mesmo nível emocional para o dependente. São atos automáticos, intempestivos, reativos, de ambos os lados. Com isso, ele deixou claro e definido o cuidado — a consciência — que necessitamos de ter nas relações com o mundo e com os outros, pois que cada um de nós, em determinadas circunstâncias, ao invés de agir e reagir com os dados do presente, podemos estar agindo e reagindo simplesmente com respostas cronificadas, originárias do passado e atuantes no presente, de modo inconsciente e automático. Esses atos projetivos inconscientes trazem muitos dissabores em nossas vidas pessoais, para nós e para os outros, o que implica em dificuldades em nossos relacionamentos.

Ao tratar da compreensão da relação educador-educando, necessitamos de, além dos fatores filosóficos, históricos e sociológicos, levar em conta os fatores bio-psicológicos e espirituais, pois que também são determinantes de nossos modos de agir e reagir. Mesmo porque o educador é o adulto da relação pedagógica, o que implica que ele esteja consciente de que deverá estar atento para não contratransferir para o educando suas reações emocionais automáticas. Como adulto da relação pedagógica, necessitará de ter consciência e de agir de tal forma que possa acolher o educando em suas reações, sejam elas quais forem, para depois, somente depois, encontrar uma solução saudável para a situação emergente na relação.

Caso o educador contratransfira para o educando uma resposta emocionalmente inadequada, em função de seu passado psicológico, certamente que estragará a possibilidade de caminhar de modo satisfatório e fluido com esse educando em seu caminhar pelos processos de ensinar e aprender. A contratransferência usualmente vem da raiva, assim como do ato de se sentir ferido ou impotente diante da situação que se apresenta.

Desse modo, ao encaminhar os estudos do capítulo 6 deste livro, o professor de Filosofia da Educação necessitará, enquanto uma revisão dos conteúdos deste livro não for realizada, de aprofundar-se por si mesmo e conduzir os seus estudantes à compreensão dessa fenomenologia, que se encontra abordada nos manuais de psicanálise sob a denominação de "Transferência e contratransferência". Poderá encontrar também um tratamento sobre essa fenomenologia num bom Dicionário de Psicologia; e, hoje, certamente num buscador da Internet, como o Google.

É necessário que os futuros educadores saibam disso, porém, mais que saber, necessitam de exercitar essa compreensão na sala de aulas com seus colegas, mas também em seu dia a dia na vida social, tomando consciência de que os conhecimentos, mais que ilustrações da mente, são modos de viver e, em vivendo, modos de compreender e agir na vida. Conhecimento, nesse sentido, é um modo consciente e compreendido de viver como também de se conduzir na vida. Teoria e prática, então, formam um todo indissociável, isto é, como se pensa se age e como se age se pensa.

Não me cansarei de sinalizar que essa compreensão teórico-prática da presença do fator emocional em nossas relações é de cabedal importância para a vida de todos, mas especialmente para aqueles que trabalham com outras pessoas. Para esses as relações interpessoais representam o alimento do dia a dia.

Desse modo, chegamos 3ª Parte do livro, que contém um único capítulo, o décimo, intitulado: "Didática: elemento articulador entre pedagogia e prática docente". É um capítulo fundamental para ser compreendido, cujo conteúdo, se apropriado, é uma ferramenta — utilizando um termo recente e bastante utilizado — para efetivar nossos anseios e desejos. Nossas compreensões teóricas, tendo em vista realizar nossos desejos, no que se refere ao ensino-aprendizagem, tem sua mediação através da didática. Marx expressou uma compreensão lapidar sobre isso, ao dizer que "nenhuma teoria vai à prática, sem, antes, passar por muitas mediações". Teoria, por si, é somente teoria; para que ela produza efeitos, necessita de se tornar vida vivente, isto é, realização. A didática é o mediador das teorias pedagógicas. É com ela que realizamos nossos anseios de educadores escolares, em nossa prática de ensino. É a nossa "ferramenta" de ação.

No caso deste livro, elaboramos este último capítulo para auxiliar os estudantes de Filosofia da Educação a aprenderem que a filosofia, sem mediações, será um conjunto de conceitos abstratos. Ela, para ser efetiva na vida humana, necessita de meios que a traduzam em realidades cotidianas.

Os elementos centrais componentes da didática, como estão expostos no capítulo, são: (01) planejamento, (02) execução e (03) avaliação. O ato de planejar é aquele pelo qual definimos nossos desejos, ou seja, aquilo que queremos obter. Planejar é clarear desejos e estabelecer os meios pelos quais poderemos chegar ao melhor resultado com nossa ação. Sem desejos claros, não há como chegar a resultados efetivos. Os formulários — intitulados "de planejamento", em nossas escolas, — nada mais são do que modos de registrar nossas decisões, seja para garantir a memória do que decidimos, seja para comunicar aos nossos pares nossas escolhas e as atividades às quais dedicaremos nosso investimento construtivo. Os estudantes necessitam de incorporar em seu modo de ser e agir que o planejamento é um ato cotidiano de todos nós, que, contudo, nem sempre ele é praticado com a devida e necessária consciência.

Por outro lado, o planejado só produzirá os efeitos esperados, se for efetivamente implementado. Fico a pensar que, na prática docente cotidiana, acostumamo-nos a executar uma tarefa uma única vez, acreditando que isso basta para que os resultados cheguem de modo satisfatório — damos uma aula e pronto!. Todavia, isso não basta, daí a necessidade de avaliar, tendo em vista diagnosticar (conhecer) os resultados e, se necessário, subsidiar uma intervenção que coloque os resultados nos rumos desejados. O ato de avaliar, por si, não resolve nada. Ele simplesmente diagnostica para dizer se os resultados, que estão sendo obtidos, já são satisfatórios ou não. Quem resolve coisas é o investimento de quem executa a ação. Isto é, chegando à constatação de que os resultados ainda não atingiram a qualidade do desejado, o gestor (executor da ação) toma a decisão de investir mais ainda para que os resultados planejados (isto é, desejados) sejam obtidos. Por vezes, os resultados emergem rapidamente de nossa ação, outras vezes eles exigem mais e mais investimentos.

Desse modo, a didática como a mediadora da Filosofia da Educação, compõem-se do ato de planejar, executar o planejado e, diagnosticar os resultados obtidos, que, se não forem satisfatórios, exigem novos investimentos. Se desejamos os resultados positivos, não há como obtê-los, a não ser investindo na busca dos mesmos.

Em síntese, este livro, vinte anos depois, é tão atual quanto quando foi escrito e publicado. Ele foi composto como um guia de estudos e aprendizagens — e continua sendo — para todos aqueles que desejam compreender o significado da filosofia e do exercício do filosofar na prática educativa; além de compreender e aprender que a filosofia necessita de mediações para produzir seus resultados e tornar-se vida vivente no cotidiano de cada um de nós.

Desejo a todos os professores de Filosofia da Educação, assim como a todos os estudantes que tiverem contato com os escritos deste livro uma boa sorte, cientes de que o conteúdo deste livro expressa um ponto de partida e uma direção, o mais importante será a vida de cada um como sujeito de si mesmo na relação com o mundo e com os outros. Afinal, viver está em primeiro lugar, o filosofar ajuda a tornar a vida mais saudável.

Salvador, Bahia, junho de 2010.

Cipriano Luckesi

Apresentação

Este livro foi escrito especialmente para alunos que se preparam para o exercício profissional do magistério no ensino de 1º grau. Acreditamos que pode ser útil, também, a educadores que se ocupam de outras modalidades de ação educativa.

Os dez capítulos que oferecemos para estudo e reflexão tratam de temas da vida escolar articulados com aspectos mais amplos da vida social. O livro tem duplo objetivo. Primeiro, o de prover conhecimentos e modos de abordagem do fenômeno educativo do ponto de vista filosófico, de modo a auxiliar os estudantes no exercício da reflexão filosófica sobre a realidade da prática educativa e da escola. Segundo, o de oferecer um instrumental metodológico que possibilite a reflexão crítica sobre temas e problemas da realidade educacional, para além do que tratamos neste livro, de modo que os estudantes venham a produzir novos entendimentos filosóficos sobre sua atividade profissional.

Acreditamos, como diz o filósofo italiano Antonio Gramsci, que todos os homens são filósofos. Mas, para isso, é necessário que se dediquem ao trabalho de pensar metodologicamente como condição para a reflexão crítica. Temos certeza de que tanto os professores como os alunos são capazes disso.

Agradecemos, antecipadamente, toda contribuição crítica que nos seja dirigida, tendo em vista o aprimoramento dos conteúdos deste livro.

O Autor

Introdução

Nesta Introdução, consideramos três elementos referentes a este livro: os aspectos teóricos, indicando as intenções do autor ao elaborá-lo; os aspectos metodológicos, explicitando a perspectiva delineada nos capítulos; e, por último, as sugestões didáticas para uso deste material nos cursos de formação do magistério ou outros cursos que venham a utilizá-lo para estudos e reflexões sobre a prática docente.

1. Aspectos teóricos

Este é um livro de Filosofia da Educação. Foi elaborado tendo em vista a constituição de material didático ou semididático para uso nos cursos de formação do magistério para o ensino de 1º grau. Seus capítulos tratam de questões de Filosofia da Educação diretamente articuladas com a prática docente.

Os capítulos possuem uma direção definida, pois vão dos elementos mais abrangentes da prática docente para os mais específicos, e se baseiam na perspectiva filosófico-pedagógica assumida pelo autor.

Na primeira parte do livro, iniciamos por elucidar o significado da Filosofia, demonstrando que a Pedagogia se articula com ela sob a forma de Filosofia da Educação (Capítulo 1), desdobrando-se, primeiramente, em tendências de entendimento do papel da educação na sociedade (Capítulo 2) e, subsequentemente, em tendências pedagógicas propriamente ditas (Capítulo 3) que se realizam por meio da escola, como instância na qual a Pedagogia pode traduzir-se em prática docente (Capítulo 4).

Essa primeira parte possibilita, ao nosso ver, a compreensão de que a Pedagogia não pode ser bem entendida e praticada na escola sem que se tenha alguma clareza do seu significado. Isso nada mais é do que buscar o sentido da prática docente.

A segunda parte do livro, "Do senso comum pedagógico à postura crítica na prática docente escolar", pretende auxiliar o leitor no exercício do filosofar sobre elementos da prática docente. São exercícios de entendimento do significado dos elementos que constituem a prática docente na sala de aula. Iniciamos essa parte por um inventário do "Senso comum pedagógico escolar", como bem cabe no exercício do filosofar (Capítulo 5). A seguir, damos um salto crítico na tentativa de elevar o nível de compreensão dos referidos elementos da prática docente: educador e educando (Capítulo 6), o conhecimento (Capítulo 7), conteúdos e material didático (Capítulo 8), procedimentos de ensino (Capítulo 9). Como se pode verificar, alguns destes elementos estão delimitados por questões bem próprias da ação docente. Vale ressaltar, porém, que eles são tratados sempre do ponto de vista da filosofia e não de sua operacionalidade técnica.

A terceira e última parte, composta de um único capítulo (10), discute a didática como um elemento articulador dos aspectos teóricos e filosóficos da educação com o exercício docente. Nessa parte nos preocupamos em articular uma mediação entre a Filosofia da Educação e a sala de aula propriamente dita, lugar onde a filosofia se faz concreta, mediante a prática docente e discente.

Dessa maneira, pretendemos dar conta de um ciclo de reflexões que tem início no entendimento da Filosofia, passando pela Pedagogia e, finalmente, chegando a encaminhamentos para a prática do educador em sala de aula.

2. Perspectivas metodológicas

A elaboração e publicação deste livro têm uma intenção e uma direção. Desejamos oferecer a professores e alunos um material subsidiário a estudos e desenvolvimento de atividades docentes e discentes, nos cursos voltados para a formação do magistério, em determinada perspectiva teórico-pedagógica.

Assim, o entendimento e o ideário que atravessam este texto buscam possibilitar uma compreensão e um desdobramento para a ação pedagógica, que se traduzam numa preocupação com a elevação cultural dos educandos. Acreditamos que a apropriação da cultura elaborada pela humanidade é uma *necessidade* para cada um dos seres humanos, além de ser um direito de todos.

Cada um de nós vive o existencial e o espontâneo do dia a dia: ele é nosso cotidiano, nosso "feijão com arroz". Porém este, por si mesmo, é muito circunscrito e limitado para possibilitar a sua compreensão crítica e, consequentemente, sua integração num novo patamar de entendimento que o ultrapasse. Por si mesmo, o cotidiano carece de recursos para se autoentender de uma forma crítica. Assim, ao nosso ver, a apropriação ativa da cultura elaborada torna-se necessária para a construção e vivência de uma vida mais humana e mais consciente; inclusive para ter a possibilidade de conhecer e reivindicar direitos que pertencem a cada um de nós e que são inalienáveis.

Com esta crença e este entendimento, a proposta de estudo da Filosofia da Educação que permeia este livro preocupa-se em possibilitar ao leitor e aos educandos um exercício de elevação cultural, partindo do senso comum, porém, superando-o pela busca de ruptura e de critérios de criticidade.

A proposta metodológica que permeia as reflexões que se seguem pode ser definida como uma forma de ação educativa que pretende, através de um direcionamento específico, conduzir os educandos à aquisição de entendimentos e modos de entendimento da realidade educacional; de tal forma que não venha a ser tão somente uma ilustração da mente, mas uma forma permanente de vivência e de atenção ao fenômeno educativo, à prática docente.

3. Sugestões de procedimentos de ensino

O presente livro foi elaborado na perspectiva de servir de material de apoio para cursos de formação do magistério. Em função disso, faremos algumas sugestões de procedimentos para o ensino de Filosofia da Educação, dentro da perspectiva teórica e metodológica aqui traçada.

Os procedimentos de ensino sugeridos não são exclusivos e muito menos exaustivos. São sugestões que estão articuladas com o todo da proposta deste livro.

Essa proposta tem um direcionamento e, por isso, necessita de um direcionamento do ensino e da aprendizagem, para que possa atingir os seus fins. Com isso, não queremos dizer que o professor deverá obrigar o educando a aceitar as afirmações que estão aqui expostas. O que importa é que o professor, junto com os alunos, parta da prática social vivida para, através do estudo e da reflexão, chegar a um patamar crítico de compreensão dessa prática social.

Os textos apresentados necessitam ser compreendidos e apropriados de tal forma que sirvam de elementos de ruptura para a obtenção de sínteses novas. Os conteúdos expostos não são dogmas; são algumas certezas do autor que os escreveu e que, por isso, podem servir de elemento de contestação, discussão e superação de uma situação de entendimento dada.

A originalidade de cada leitor e de cada educando nascerá de sua forma pessoal de assimilar e entender o mundo que o circunda, a partir de sua vivência e da apropriação ativa da cultura elaborada. Snyders chega a afirmar que a apropriação dos "modelos" não é uma forma de opressão sobre os educandos e de eliminação de sua originalidade, mas sim uma condição necessária para a busca da originalidade. Que poeta não nasceu de um esforço de estudar, se apaixonar e imitar o universal que há em seus modelos preferidos? Que cientista nasceu sem se apropriar da forma de fazer ciência dos clássicos da metodologia que adota? Mais que isso, que cientista criou alguma coisa absolutamente original, sem ter dado o salto a partir da apropriação da ciência anteriormente produzida? Assim, a apropriação de uma perspectiva é necessária para, no mínimo, poder opor-se a ela.

A partir desse entendimento, o professor deverá dar um direcionamento ao curso, não para se impor autoritariamente, mas para criar o suporte para o salto e a elevação cultural dos educandos.

Dentro dessa perspectiva, sugerimos que parte das aulas de Filosofia da Educação se constituam de exposições feitas pelo professor. Exposições que deverão ser de boa qualidade, o que quer dizer consistentes, claras, coerentes, motivadoras etc. Essas exposições poderão ser feitas sob a modalidade de "aulas expositivas", propriamente ditas, ou sob a forma de "complementação" de estudos de grupo, adequada e metodologicamente dirigida. Todavia, é importante que o professor exerça um papel relevante no processo de apropriação da cultura elaborada pelos alunos.

Um segundo procedimento, articulado com o anterior, é o estudo dos capítulos deste livro com orientação do professor, no sentido de apropriar-se dos seus conteúdos de uma forma crítica.

Apropriar-se de forma crítica quer dizer saber com precisão o que está exposto e avaliar o que está dito em relação à realidade educacional — docente e discente — que se vive. O que está exposto nos capítulos não é dogma para ser assimilado acriticamente, mas sim conteúdo a ser apropriado e discutido criticamente.

Uma terceira sugestão, articulada com as anteriores, é que, ao lado da exposição do professor, mesclada com estudos dos capítulos aqui apresentados, os alunos leiam um livro de um outro autor, cujo conteúdo será discutido em uma parte do tempo disponível para a aula. Desse modo, os alunos terão a possibilidade de apropriar-se de mais uma leitura, terão um suporte a mais para a discussão e para formar o seu modo de entendimento da realidade.

No final desta obra, no Anexo, oferecemos alguns títulos, entre muitos outros, que podem ser utilizados para este fim.

A discussão dos temas do livro selecionado poderá ser feita sob a forma de seminário. Todos os alunos lerão todos os capítulos do livro em forma sucessiva, com as datas e trechos marcados previamente e, no momento do seminário, sob a coordenação do professor, todos poderão — e, mais que isso, deverão — intervir para elevar o nível de compreensão da classe.

As três proposições acima não são exaustivas nem excludentes. Cada professor poderá adotá-las ou não. São apenas sugestões. A única coisa que se pede é que os procedimentos escolhidos ou inventados sejam coerentes com a proposta pedagógica que o professor estiver assumindo. Os procedimentos de ensino não são gratuitos.

Ao final de cada capítulo, acrescentamos ainda um tópico denominado "Procedimentos de estudo e ensino". Aí encontram-se indicados três elementos: questões para estudo e compreensão do texto; sugestões de temas para dissertação ou discussão em grupo; sugestões bibliográficas para estudos complementares.

As "questões para estudo e compreensão do texto" têm por objetivo sinalizar as ideias do texto que consideramos fundamentais. Essas questões poderão ser utilizadas tanto como um roteiro de estudo do texto como uma indicação dos conteúdos deste texto que consideramos fundamentais e que deveriam ser objeto de apropriação por parte tanto do professor quanto do aluno. Em função disso, essas questões serão melhor utilizadas do ponto de vista da aprendizagem se forem usadas após um primeiro estudo geral do texto.

As "sugestões de temas para dissertação ou discussão em grupo" têm por objetivo levantar um ou outro tema que possa ser objeto de reflexão por parte do leitor do livro, seja ele professor ou aluno. Após a compreensão do conteúdo do capítulo, vale a pena tentar uma reflexão individual ou grupal sobre pontos de conhecimentos idênticos ou afins aos tratados no texto. Essa atividade auxilia o aprofundamento do que foi estudado, assim como possibilita a inventividade de cada um. A dissertação poderá ser produzida tanto sem a existência de um trabalho de grupo prévio, assim como após uma discussão grupal. A dissertação aqui no caso exige do seu elaborador uma apropriação ativa do conteúdo do capítulo, assim como um esforço de reflexão sobre a temática. O professor poderá e deverá levantar novos temas para esta atividade. Por si, não deverá estar apegado só às sugestões referidas nesse tópico final de cada capítulo.

As "sugestões bibliográficas para estudos complementares" têm por objetivo oferecer fontes que tratem assemelhadamente do assunto discutido no capítulo. Com essas indicações cada professor poderá, com um pouco mais de facilidade, ir à busca de material para o acrescentamento de seu cabedal cultural, assim como terá oportunidade de fazer com que seus alunos entrem em contato com outros autores. Esses textos poderão ser utilizados ou não pelos professores e alunos. São apenas sugestões a partir das quais muitas outras poderão emergir.

Ao levar em frente os procedimentos de ensino sugeridos, o professor terá a responsabilidade da orientação dos estudos. Por isso, deverá expor conteúdos e, quando necessário, orientar o estudo e a leitura dos alunos, estimular e participar do debate das ideias realizado pelos alunos. Cada conjunto de horas de aula, em um determinado dia da semana, poderá ser dividido entre duas ou três destas sugestões. Por exemplo, um período para exposição e um outro para seminário sobre o livro que está sendo lido; ou uma parte da aula para a discussão em grupo de um determinado capítulo deste livro, seguido de debate com o professor, concluindo com os esclarecimentos que se fizerem necessários. Ou ainda: estudo de um dos textos sugeridos na bibliografia complementar de cada capítulo, e assim por diante. O importante é que o professor tenha clareza sobre o significado de sua ação e o papel que deve desempenhar, se quer, efetivamente, auxiliar seus alunos no processo de crescimento e elevação cultural.

Esperamos, finalmente, que os capítulos deste livro não só auxiliem nossos educandos a entenderem o significado de sua futura profissão, mas que também sirvam de estímulo aos próprios professores, em sua reflexão sobre as atividades que desempenham como profissionais.

1ª PARTE

Da Filosofia da Educação à Pedagogia

Capítulo 1

Filosofia e Educação: elucidações conceituais e articulações

A educação é uma prática humana direcionada por uma determinada concepção teórica. A prática pedagógica está articulada com uma pedagogia, que nada mais é que uma concepção filosófica da educação. Tal concepção ordena os elementos que direcionam a prática educacional.

Neste capítulo, pretendemos demonstrar como se dá essa articulação e que procedimentos poderemos utilizar para processá-la. Para tanto, vamos iniciar por uma discussão do que é Filosofia e seu papel na prática humana, passando para uma abordagem do processo do filosofar, articulando a Filosofia e a Educação, desembocando, na conclusão, no tema da Pedagogia.

Não teremos aqui a oportunidade de realizar um estudo exaustivo e abrangente dos aspectos mencionados. Vamos apenas proceder a colocações essenciais que nos permitam compreender os temas e, se possível, utilizá-los no estudo dos capítulos seguintes deste livro.

1. Filosofia

Quem não ouviu pelo menos uma vez falar em Filosofia? Aqui e acolá, ouvimos a definição de que Filosofia significa "amigo da sabedoria", devido ao fato de a palavra "filosofia" estar constituída do termo *filon*, que equivale a amigo, e do termo *sofia*, que equivale a sabedoria. Aqui e acolá, encontramos em conversas ou nos textos que lemos os nomes dos famosos filósofos gregos: Sócrates, Platão e Aristóteles. Quantos de nós, e quantas vezes, já não tivemos a oportunidade de ouvir alguém dizendo: "pela minha filosofia, considero certo fazer isto ou aquilo"?

O termo filosofia é vigente e muito utilizado. Mas sabemos nós (e sabem todos que usam esse termo) o que significa, de fato, a Filosofia? Será que já nos dedicamos a meditar o que ela significa? Nós já nos pusemos a pensar nisto?

Na história do pensamento, que a humanidade vem construindo ao longo do tempo, muitos foram os pensadores e pesquisadores que deram uma definição ou um conceito para a Filosofia. Por vezes, esses conceitos foram complexos, por vezes simples; por vezes rebuscados e quase incompreensíveis. Há, pois, um emaranhado de conceitos. Diante deles muitas pessoas se sentem entediadas e, em vez de enfrentar o problema, preferem descartá-lo, dizendo que a Filosofia é um "jogo inútil e estéril de palavras", ou que é "muito difícil e só serve e interessa a pessoas especiais e muito inteligentes".

A expressão mais cabal desse descrédito está em uma frase, mais ou menos popular, que anda de boca em boca e diz: "a filosofia é uma ciência com a qual ou sem a qual o mundo continua tal e qual". Ou seja, podemos passar muito bem com ou sem a filosofia.

Fugindo tanto do emaranhado histórico dos conceitos elaborados, quanto do descrédito, maligno ou jocoso, que as pessoas lançam em relação à Filosofia, vamos tentar conceituá-la de uma forma simples e existencial, de tal forma que possamos compreender o que ela é e verificar o seu significado para a vida humana.

Vamos começar por dizer que a Filosofia é um corpo de conhecimento, constituído a partir de um esforço que o ser humano vem fazendo de compreender o seu mundo e dar-lhe um sentido, um significado compreensivo. Corpo de conhecimentos, em Filosofia, significa um conjunto coerente e organizado de entendimentos sobre a realidade. Conhecimentos estes que expressam o entendimento que se tem do mundo, a partir de desejos, anseios e aspirações.

Expliquemos melhor. Quando lemos um texto de Filosofia, nos apropriamos do entendimento que o seu autor teve do mundo que o cerca, especialmente dos valores que dão sentido a esse mundo. Valores esses que, por vezes, são aspirações que deverão ser buscadas e realizadas, se possível. O filósofo sistematiza, assim, as aspirações dos seres humanos, aspirações essas que dão sentido ao dia a dia, à luta, ao trabalho, à ação. Ninguém vive o dia a dia sem um sentido; para o seu trabalho, para a sua relação com as pessoas, para o amor, para a amizade, para a ciência, para a educação, para a política etc.

Então, a Filosofia é esse campo de entendimento que, quando nos apropriamos dele, nos sentimos refletindo sobre a cotidianidade dos seres humanos. Desde a cotidianidade mais simples, como é o encontrar-nos com as pessoas, até a cotidianidade mais complexa, que pode ser a reflexão sobre o sentido e o destino da humanidade.

A Filosofia se manifesta ao ser humano como uma forma de entendimento que tanto propicia a compreensão da sua existência, em termos de significado, como lhe oferece um direcionamento para a sua ação, um rumo para seguir ou, ao menos, para lutar por ele. Ela estabelece um quadro organizado e coerente de "visão de mundo" sustentando, consequentemente, uma proposição organizada e coerente para o agir. Nós não "agimos por agir". Agimos, sim, por uma certa finalidade, que pode ser mais ampla ou mais restrita. As finalidades restritas são aquelas que se referem à obtenção de benefícios imediatos, tais como: comprar um carro, assumir um cargo.

As finalidades mais amplas são aquelas que se referem ao sentido da existência: buscar o bem da sociedade, lutar pela emancipação dos oprimidos, lutar pela emancipação de um povo etc. Isso tudo, por quê? Certamente devido ao fato de que a vida só tem sentido se vivida em função de valores dignos e dignificantes. Desse modo, a Filosofia é um corpo de entendimentos que compreende e direciona a existência humana em suas mais variadas dimensões.

É exatamente isso que Georges Politzer expressa quando define a Filosofia "como uma concepção geral do mundo da qual decorre uma forma de agir".[1] No caso, a Filosofia é a expressão de uma forma coerente de interpretar o mundo que possibilita um modo de agir também coerente, consequente, efetivo.

No dizer de Leôncio Basbaum,

> a filosofia não é, de modo algum, uma simples abstração independente da vida. Ela é, ao contrário, *a própria manifestação da vida humana* e a sua mais alta expressão. Por vezes, através de uma simples atividade prática, outras vezes no fundo de uma metafísica profunda e existencial, mas sempre dentro da atividade humana, física ou espiritual, há filosofia [...] A filosofia traduz o sentir, o pensar e o agir do homem. Evidentemente, ele não se alimenta da filosofia, mas, sem dúvida nenhuma, com a ajuda da filosofia.[2]

Todos têm uma forma de compreender o mundo, especialistas e não especialistas, escolarizados e não escolarizados, analfabetos e alfabetizados. Esta é uma necessidade "natural" do ser humano, pois que ninguém pode agir no "escuro", sem saber *para onde* vai e *por que* vai. Só se pode agir a partir de um esclarecimento do mundo e da realidade.

Esse fato é tão verdadeiro que encontramos modos de compreensão da realidade tanto no profissional de Filosofia (o filósofo profissional), quanto em qualquer pessoa que viva a sua vida e reflita sobre ela, seu sentido, significado, valores etc... A prova disso está aí: de um lado, pelos sistemas filosóficos que encontramos na história do pensamento filosófico escrito da humanidade e, de outro lado, pela forma popular de compreender a vida que, normalmente, não tem registro escrito, a não ser nos poetas populares, nos trovadores etc.[3]

A respeito disso, Arcângelo Buzzi, em seu livro *Introdução ao pensar*, nos diz que "consciente ou inconscientemente, explícita ou implicitamen-

---

1. Politzer, Georges. *Princípios fundamentais de filosofia*. São Paulo: Hemus, s/d, p. 15.

2. Basbaum, Leôncio. *Sociologia do materialismo*. 3. ed. São Paulo: Símbolo, 1978, p. 21.

3. Sobre esta questão vale a pena ler os poetas populares. Um exemplo pode ser Patativa do Assaré, *Cante lá que eu canto cá*: filosofia de um trovador nordestino. Petrópolis: Vozes, s/d.

te, quem vive possui uma filosofia de vida, uma concepção do mundo. Esta concepção pode não ser manifesta. Certamente ela se aninha nas estruturas inconscientes da mente. De lá ela comanda, dirige-lhe os passos, norteia a vida. A vida concreta de todo homem é, assim, Filosofia. O campônio, o operário, o técnico, o artista, o jovem, o velho, vivem todos de uma concepção de mundo. Agem e se comportam de acordo com uma significação inconsciente que emprestam à vida. Nesse sentido, pois, pode-se dizer que todo homem é filósofo no sentido usual da expressão. A palavra filósofo (no sentido crítico do termo) ficou reservada àqueles que consciente e deliberadamente se põem a filosofar. Escolhem um método, sistematizam os conhecimentos obtidos, arquitetam um sistema interpretativo da realidade. Filósofo é, então, aquele que diz em conceitos e em linguagem apropriados a experiência do ser. Os conceitos e a linguagem não estão à margem do ser vivido. A filosofia vazada na linguagem conceitual é profundamente solidária com a vida, com a existência. Ela marca o desejo, a ânsia que o homem tem de elucidar sua "circunstância existencial".[4]

Certamente que a orientação valorativa (axiológica) da existência nem sempre pode significar filosofia. Quando o autor acima diz que todos temos uma "filosofia de vida", ele quer dizer que todos nos orientamos por valores. Mas que nem sempre esses valores estão conscientes, explícitos. Então não temos aí, propriamente, filosofia, desde que esta é sempre uma *reflexão crítica* sobre o sentido e o significado das coisas, das ações etc. Esse direcionamento diário inconsciente pode decorrer de massificação, do senso comum, que adquirimos e acumulamos espontaneamente. *Sobre ele* é que deve desenvolver-se o filosofar, como veremos. Certamente que outras pessoas, as gerações, formaram esse "senso" com o qual cumprimos o dia a dia, sem muitas vezes nos perguntarmos se ele é válido ou não, se o aceitamos efetivamente ou não.

O que importa ter claro, por ora, é o fato de que a filosofia nos envolve, não temos como fugir dela. Ela é como o ar que respiramos, está

---

4. Buzzi, Arcângelo. *Introdução ao pensar*. Petrópolis: Vozes, 1973, p. 8-9.

permanentemente presente. Se nós não escolhermos qual é a nossa filosofia, qual é o sentido que vamos dar à nossa existência, a sociedade na qual vivemos nos dará, nos imporá a sua filosofia. E como se diz que o pensamento do setor dominante da sociedade tende a ser o pensamento dominante da própria sociedade, provavelmente aqueles que não buscam criticamente o sentido para a sua existência assumirão esse pensamento dominante como o seu próprio pensamento, a sua própria filosofia. Quem não pensa é pensado por outros!

Deste modo, a filosofia se manifesta como o corpo de entendimento que cria o ideário que norteia a vida humana em todos os seus momentos e em todos os seus processos.

Esse corpo de entendimento é a compreensão da existência. Sobre isso, alguns autores nos alertam. Vale a pena retomá-los!

> Os filósofos exprimem sempre — nos diz Leôncio Basbaum — em cada instante, o pensamento de um grupo social, de classe ou povo a que pertencem ou representam. Eles são os teoristas, os que explicam e interpretam os desejos, as tendências e as reivindicações desses grupos, classes ou povos. Seu pensamento depende da situação de domínio ou submissão em que se encontra o seu grupo, classe ou povo, em relação a outros povos, grupos ou classes. Depende de estar no poder ou em luta pelo poder, em ascensão ou em decadência.[5]
>
> O ato de filosofar — acrescenta Arcângelo Buzzi — versa sobre o ato de viver, a Filosofia e a História. Por outro lado, isso não significa que a história, que o puro viver, seja anterior à filosofia. Não há anterioridade da filosofia sobre a história nem da história sobre a filosofia. O ato de viver já está posto na percepção do ser, a vida é filosofia. Ao filósofo só resta extrair essa filosofia, dizer o pensamento pressuposto de um tal viver, indicar a partir de qual horizonte, de qual dimensão, um tal viver se constitui.[6]
>
> As ideias ou os princípios dos homens — confirma Plekanov — provêm da experiência, quer se trate de princípios especulativos, quer de princípios práticos ou princípios de moral. Os princípios morais variam segundo os

---

5. Basbaum, Leôncio, op. cit., p. 53.

6. Buzzi, Arcângelo, op. cit., p. 126.

tempos e lugares. Quando os homens condenam uma determinada ação é porque ela os prejudica; quando a enaltecem é porque ela lhes é útil. O interesse (não o interesse pessoal, mas o interesse social) determina, assim, os julgamentos do homem no domínio da vida social.[7]

Porém, ao lado de ser a reflexão sobre o presente de cada povo ou de cada grupo humano, a filosofia, como já dissemos, quer ser um norte para a ação e Leôncio Basbaum nos confirma isso ao dizer:

> A filosofia é a concretização de um espírito ou de uma ideia que surge como consequência das necessidades de uma época ou de uma classe, pela experimentação ou pela razão, no sentido de demonstrar a verdade desse conceito. É seu papel, ainda, difundi-la e propagá-la. Sofrendo a influência da história, ela encarrega-se de, por sua vez, influenciar e orientar o curso da história de acordo com o interesse dos inventores ou criadores e propagadores dessas ideias.[8]

A Filosofia, em síntese, não é tão somente uma interpretação do já vivido, daquilo que está objetivando, mas também a interpretação de aspirações e desejos do que está por vir, do que está para chegar. Os filósofos captam e dão sentido à realidade que está por vir e a expressam como um conjunto de ideias e valores que devem ser vividos, difundidos, buscados. Eles têm uma "sensibilidade", um "faro" mais atento para receber o que já está se manifestando na realidade, ainda que de uma maneira tênue. Não são profetas, no sentido do senso comum, mas profetas no sentido bíblico, ou seja, indivíduos que são capazes de ler nos acontecimentos do presente o significado do que está por vir, o que está a se desenvolver. O seu pensamento torna-se, assim, expressão da história que está acontecendo e enquanto está acontecendo, e compreensão do que vai acontecer. Deste modo, o pensamento filosófico manifesta-se tanto como condicionado pelo momento histórico quanto como condicionante do momento histórico subsequente. Manifesta-se, dessa maneira, como impulsionador da ação, tendo em vista a concretização de de-

---

7. Plekanov, G. *A concepção materialista da história*. 5. ed. Rio de Janeiro: Paz e Terra, 1977, p. 20.

8. Basbaum, Leôncio, op. cit., p. 315.

terminadas aspirações dos homens, de um povo, de um grupo ou de uma classe.

Neste sentido, a filosofia é uma força, é o sustentáculo de um modo de agir. É uma arma na luta pela vida e pela emancipação humana.

Diz Leôncio Basbaum:

> Nada deve ser inútil, nem mesmo uma poesia. Devemos repelir qualquer ideia de que a filosofia seja um quadro exposto à contemplação passiva do homem, ou mesmo um entorpecente para mergulhá-lo em doces sonhos etéreos enquanto esquece a realidade da vida e o muito que há a fazer dentro dela. A filosofia é, antes de mais nada, em primeiro lugar e acima de tudo, *uma arma*, uma ferramenta, um instrumento de ação com a ajuda da qual o homem conhece a natureza e busca o conforto físico e espiritual para a vida. Se o homem realmente se destaca dos outros animais pela amplidão e profundidade do seu pensamento, se tudo o que ele realizou, desde que, saindo da selvageria, começou a construir o que chamamos de civilização, foi a concretização desse pensamento, que, evoluindo, se transformou, através do tempo e do espaço; não há dúvida de que esse pensamento, mobilizando os dedos de sua mão, é a sua principal arma na conquista da natureza e, portanto, da sua liberdade.[9]
>
> A filosofia, como já dissemos, não é apenas um instrumento para a compreensão do mundo e interpretação dos seus fenômenos. É também um instrumento de ação e arma política e, como tal, tem sido utilizada, em todos os tempos, consciente ou inconscientemente.[10]

Esse fato é tão verdadeiro que a filosofia tem gerado, ao longo da história humana, atitudes contraditórias e paradoxais. Governos que, de um lado, alijam a filosofia como subvertora da ordem, de outro, contratam especialistas para criarem um pensamento, uma forma de conceber o mundo que garanta a sua forma de administrar politicamente o povo e a nação.

Jaspers analisa muito bem essa contradição, quando escreve:

---

9. Basbaum, op. cit., p. 302-3.

10. Idem, p. 33.

[...] A filosofia se vê rodeada de inimigos, a maioria dos quais não tem consciência dessa contradição. A autocomplacência burguesa, os convencionalismos, o hábito de considerar o bem-estar material como razão suficiente de vida, o hábito de só apreciar a ciência em função de sua utilidade técnica, o ilimitado desejo do poder, a bonomia dos políticos, o fanatismo das ideologias, a aspiração a um nome literário — tudo isso proclama a antifilosofia. E os homens não o percebem porque não se dão conta do que estão fazendo. E permanecem inconscientes de que a antifilosofia é uma filosofia, embora pervertida, que, se aprofundada, engendraria sua própria liquidação.[11]

Ou seja, não há como negar a filosofia sem fazer filosofia, porque para se negar o valor da filosofia dentro do mundo é preciso ter uma concepção do mundo que sustente esta negação.

Os maus políticos, efetivamente, agem assim. Preferem a massificação do povo, por isso impedem o desenvolvimento do pensamento filosófico. Mas "filosofam" para sustentar sua ação deletéria contra a Filosofia.

Neste sentido, vale lembrar os esforços dos governos totalitários na perspectiva de criar "uma filosofia capaz de justificar o sentido de sua política e propagá-la como filosofia total do universo".[12]

Em síntese, a filosofia é uma forma de conhecimento que, interpretando o mundo, cria uma concepção coerente e sistêmica que possibilita uma forma de ação efetiva. Essa forma de compreender o mundo tanto é condicionada pelo meio histórico, como também é seu condicionante. Ao mesmo tempo, pois, é uma interpretação do mundo e é uma força de ação.

Não podemos encerrar estas considerações iniciais sobre a filosofia sem mencionar o fato de que, por vezes, o pensamento filosófico estabelecido serve aos interesses do poder dominante. Por exemplo, o pensamento filosófico-político que Aristóteles expõe no seu livro *Política* nada mais é do que a expressão dos anseios do segmento dominante da socie-

---

11. Jaspers, Karl. *Introdução ao pensamento filosófico*. São Paulo: Cultrix, 1976, p. 138.
12. Basbaum, Leôncio, op. cit., p. 316.

dade de Atenas e, assim, muitos outros. Também, o contrário é verdadeiro, ou seja, que o pensamento filosófico de muitos autores serve à luta de transformação. A exemplo, lembramos aqui a força do pensamento dos socialistas utópicos, como Robert Owen, Saint-Simon; dos socialistas científicos, como Marx e Engels; dos revolucionários, como Lênin, Mao Tsé-tung, Amílcar Cabral etc. O pensamento filosófico constituído não é "limpo", neutro, mas sim embebido de história e de seus problemas, de seus interesses e aspirações.

2. O processo do filosofar

Até aqui acreditamos já ter indicado que a filosofia é um corpo de entendimentos que compreende e dá significado ao mundo e à existência. Importa saber agora como é que se constitui a filosofia, como é que se constrói esse corpo de entendimentos, que poderemos assumir criticamente como aquele que queremos para o direcionamento de nossas experiências.

Para abordar essa questão, em primeiro lugar, temos que colocar na nossa cabeça que o filosofar, além de não ser inútil, não é tão difícil e complicado, como se fosse tarefa só para gente ultraespecializada. Sobre isso Gramsci nos diz que

> deve-se destruir o preconceito, muito difundido, de que a filosofia seja algo muito difícil pelo fato de ser a atividade intelectual própria de uma determinada categoria de cientistas especializados ou de filósofos profissionais e sistemáticos.[13]

Só superando esses preconceitos de dificuldade e de especialidade é que podemos nos convencer de que, a contragosto de muitos governantes e muitos políticos, podemos e devemos nos dedicar ao filosofar. É para

---

13. Gramsci, Antonio. *Concepção dialética da história*. Rio de Janeiro: Civilização Brasileira, 1978, p. 11. Os comentários sobre o processo do filosofar a seguir têm um tanto que ver com as páginas subsequentes desse livro.

dedicar-se a esta atividade que vale a pena discutir o método do filosofar, a fim de que todos nós passemos a praticá-lo cotidianamente.

Já vimos que quando não temos um corpo filosófico que dê sentido e oriente a nossa vida, assumimos o que é comum e hegemônico na sociedade; assumimos o "senso comum", que é o conjunto de valores assimilados espontaneamente, na vivência cotidiana.

Para iniciar o exercício do filosofar, a primeira coisa a fazer é admitir que vivemos e vivenciamos valores e que é preciso saber quais são eles. O primeiro passo do filosofar é *inventariar os valores* que explicam e orientam a nossa vida, e a vida da sociedade, e que dimensionam as finalidades da prática humana. Assim, é preciso se perguntar quais são os valores que dão sentido e orientam a vida familiar, se se estiver analisando a família; quais valores compreendem e orientam a vida econômica, se se estiver questionando a economia; quais valores compreendem e orientam a educação, se esta for o objeto de estudo e assim por diante. É preciso, pois, tomar consciência das ações, do lugar onde se está e da direção que toma a vida. Direção que nasce tanto da consciência popular como da sedimentação do pensamento filosófico e político que se formulou e se divulgou na sociedade com o passar do tempo.

Feito esse inventário, que certamente nunca será completo e é tão abrangente quanto todos os setores da vida, é preciso passar para um segundo momento — o *momento da crítica*. Tomar esses valores e submetê-los a uma crítica acerba, questioná-los por todos os ângulos possíveis para verificar se são significativos e se, de fato, compõem o sentido que queremos dar à existência. O padre Vaz, em artigo sobre a "Filosofia no Brasil", diz que esse momento do filosofar assemelha-se a um "tribunal de razão", que faz passar pelo crivo da crítica todos os valores vigentes que dão sentido à nossa cotidianidade.

A crítica é um modo de penetrar dentro desses valores, descobrindo-lhes sua essência. É uma forma de colocá-los em xeque e desvendar-lhes os segredos.

Contudo, ninguém pode viver exclusivamente da negação, do processo de "vasculhação" dos valores. Não se vive na negatividade. Então, importa um terceiro momento do filosofar: a *construção crítica dos valores* que sejam significativos para compreender e orientar nossas vidas individuais e dentro da sociedade. Valores que sejam suficientemente válidos para guiar a ação na direção que queremos ir.

São, pois, em síntese, três passos: inventariar os valores vigentes; criticá-los; reconstruí-los. É um processo dialético que vai de uma determinada posição para a sua superação teórico-prática.

Diante do exposto, talvez, estejamos exclamando: "mas é tão fácil, assim, o filosofar"? E e não é, ao mesmo tempo! É simples, porém não é mecânico como aparece nesta exposição didática. Na mesma medida em que estamos inventariando os valores vigentes, estamos criticando-os e reconstruindo-os. Isso porque, a não ser para a exposição didática, esses momentos não são seccionados. Um nasce de dentro do outro. Isso se torna mais compreensível se deixarmos o caso de um filósofo individual e tomarmos as correntes teóricas e históricas. Certos entendimentos da modernidade têm vínculos com a Idade Média, e certos valores, que vivemos hoje, tiveram seus prenúncios na Idade Moderna. Algo semelhante ocorre na vida individual do filósofo. Ele entra em um processo de crítica dos valores enquanto estes estão vigentes, mas também enquanto entre eles iniciam-se os prenúncios de certas aspirações e anseios dos seres humanos. Assim, por exemplo, Herbert Marcuse, um filósofo alemão contemporâneo, criticou os valores da sociedade industrial e propôs os valores de uma nova sociedade preocupada com uma vida menos unidirecionada para a produtividade econômica e mais voltada para a vida plena, com sentimentos, emoções, amor, vida etc. Como e por que Marcuse conseguiu se posicionar dessa forma? Porque nasceu e viveu após a Revolução Industrial, podendo inventariar e criticar os seus valores. E também por ter vivido em um momento histórico em que os seres humanos estão exaustos desses valores e aspirando por outros que lhes garantam mais vida. Marcuse captou o "espírito" dessa época. O filósofo individual, pois, entra na corrente do contexto em que vive. Isso não quer dizer que ele seja um puro reprodutor dessa época, mas sim um captador de seu "espírito", como vimos anteriormente.

É assim que nós vamos filosofar: inventariar conceitos e valores; estudar e criticar valores; estudar e reconstruir conceitos e valores. Para que isso ocorra, é preciso não só olhar o dia a dia, mas ler e estudar o que disseram os outros pensadores, os outros filósofos. Eles poderão nos auxiliar, tirando-nos do nosso nível de entendimento e dando-nos outras categorias de compreensão.

Assim, o nosso exercício do filosofar será um esforço de inventário, crítica e reconstrução de conceitos, auxiliados pelos pensadores que nos antecederam. Eles têm uma contribuição a nos oferecer, para nos auxiliar em nosso trabalho de construir nosso entendimento filosófico do mundo e da ação.

3. Filosofia e educação

A educação é um típico "que-fazer" humano, ou seja, um tipo de atividade que se caracteriza fundamentalmente por uma preocupação, por uma finalidade a ser atingida. A educação dentro de uma sociedade não se manifesta como um fim em si mesma, mas sim como um instrumento de manutenção ou transformação social. Assim sendo, ela necessita de pressupostos, de conceitos que fundamentem e orientem os seus caminhos. A sociedade dentro da qual ela está deve possuir alguns valores norteadores de sua prática.

Não é nem pode ser a prática educacional que estabelece os seus fins. Quem o faz é a reflexão filosófica sobre a educação dentro de uma dada sociedade.

As relações entre Educação e Filosofia parecem ser quase "naturais". Enquanto a educação trabalha com o desenvolvimento dos jovens e das novas gerações de uma sociedade, a filosofia é a reflexão sobre *o que* e como devem ser ou desenvolver estes jovens e esta sociedade.

Anísio Teixeira chega a refletir que "muito antes que as filosofias viessem expressamente a ser formuladas em sistemas, já a educação, como processo de perpetuação da cultura, nada mais era do que o meio de se transmitir a visão do mundo e do homem, que a respectiva sociedade honrasse e cultivasse".[14] Evidentemente, nessa afirmação o autor está tomando filosofia como forma de vida de um povo, e não como sistema filosófico elaborado e explicitado deliberadamente.

Deve-se mesmo observar que os primeiros filósofos do Ocidente, na quase totalidade, tiveram um "preocupar" com o aspecto educacional. Os chamados filósofos pré-socráticos, os sofistas, Sócrates, Platão, foram os intérpretes das aspirações de seus respectivos tempos e apresentaram-se sempre como educadores.

Por exemplo, os pré-socráticos, pelo que podemos saber por seus fragmentos, dedicavam-se a entender a origem do cosmos e a criar uma compreensão para a educação moral e espiritual dos homens. Os sofistas foram educadores. Foram, inclusive, no Ocidente os primeiros a receberem pagamento para ensinar. Sócrates foi o homem que morreu em função do seu ideal de educar os jovens e estabelecer uma moralização do ambiente grego ateniense. Platão foi o que pretendeu dar ao filósofo o posto de rei, a fim de que este tivesse a possibilidade de imprimir na juventude as ideias do bem, da justiça, da honestidade.

Da mesma maneira, se percorrermos a História da Filosofia e dos filósofos, vamos verificar que todos eles tiveram uma preocupação com a definição de uma cosmovisão que deveria ser divulgada através dos processos educacionais.

Filosofia e Educação são dois fenômenos que estão presentes em todas as sociedades. Uma como interpretação teórica das aspirações, desejos e anseios de um grupo humano, a outra como instrumento de veiculação dessa interpretação.

A Filosofia fornece à educação uma reflexão sobre a sociedade na qual está situada, sobre o educando, o educador e para onde esses elementos podem caminhar.

Nas relações entre Filosofia e educação só existem realmente duas opções: ou se pensa e se reflete sobre o que se faz e assim se realiza uma

---

14. Teixeira, Anísio. *Educação e mundo moderno*. São Paulo: Nacional, 1969, p. 9.

ação educativa consciente; ou não se reflete criticamente e se executa uma ação pedagógica a partir de uma concepção mais ou menos obscura e opaca existente na cultura vivida do dia a dia — e assim se realiza uma ação educativa com baixo nível de consciência.

O educando, quem é, o que deve ser, qual o seu papel no mundo; o educador, quem é, qual o seu papel no mundo; a sociedade, o que é, o que pretende; qual deve ser a finalidade da ação pedagógica. Estes são alguns problemas que emergem da ação pedagógica dos povos para a reflexão filosófica, no sentido de que esta estabeleça pressupostos para aquela.

Assim sendo, não há como se processar uma ação pedagógica sem uma correspondente reflexão filosófica. Se a reflexão filosófica não for realizada conscientemente, ela o será sob a forma do "senso comum", assimilada ao longo da convivência dentro de um grupo. Se a ação pedagógica não se processar a partir de conceitos e valores explícitos e conscientes, ela se processará, queiramos ou não, baseada em conceitos e valores que a sociedade propõe a partir de sua postura cultural.

Quando não se reflete sobre a educação, ela se processa dentro de uma cultura cristalizada e perenizada. Isso significa admitir que nada mais há para ser descoberto em termos de interpretação do mundo. É propriamente a reprodução dos meios de produção.

Diz Arcângelo Buzzi:

> Por mais grandiosa que seja uma cultura ela jamais é a interpretação acabada do ser. A ciência, a moral, a arte, a religião, a política, a economia são expressões visíveis, codificadas de uma determinada interpretação, que em seu conjunto perfaz aquilo que denominamos cultura ou, de modo mais amplo, "mundo". Estamos tão habituados a encarar esse `mundo' interpretado como "natural" que não nos damos conta de que ele é apenas possível e realizada interpretação do ser.[15]

Inconscientemente, adaptamo-nos a essa interpretação do mundo e ela permanecerá como a única para nós, se não nos pusermos a filosofar

---

15. Buzzi, Arcângelo, op. cit., p. 122.

sobre ela, a questioná-la, a buscar-lhe novos sentidos e novas interpretações de acordo com os novos anseios que possam ser detectados no seio da vida humana.

Filosofia e educação, pois, estão vinculadas no tempo e no espaço. Não há como fugir a essa "fatalidade" da nossa existência. Assim sendo, parece-nos ser mais válido e mais rico, para nós e para a vida humana, fazer esta junção de uma maneira consciente, como bem cabe a qualquer ser humano. É a liberdade no seio da necessidade.

4. Pedagogia

Uma pedagogia inclui mais elementos que os puros pressupostos filosóficos da educação, tais como os processos socioculturais, a concepção psicológica do educando, a forma de organização do processo educacional etc.; porém, esses elementos compõem uma Pedagogia à medida que estão aglutinados e articulados a partir de um pressuposto, de um direcionamento filosófico. A reflexão filosófica sobre a educação é que dá o tom à pedagogia, garantindo-lhe a compreensão dos valores que, hoje, direcionam a prática educacional e dos valores que deverão orientá-la para o futuro. Assim, não há como se ter uma proposta pedagógica sem pressuposições. (no sentido de fundamentos) e proposições filosóficas, desde que tudo o mais depende desse direcionamento. Para lembrar exemplos corriqueiros, a "Pedagogia Montessori", a "Pedagogia Piagetiana", a "Pedagogia da Libertação" do professor Paulo Freire, e todas as outras sustentam-se em um pensamento filosófico sobre a educação. Se nem sempre esses pressupostos estão tão explícitos, é preciso explicitá-los, desde que eles sempre existem. Por vezes, eles estão subjacentes, mas nem por isso inexistentes. O estudo e a reflexão deverão "obrigá-los" a aparecer, desde que só a partir da tomada de consciência desses pressupostos é que se pode optar por escolher uma ou outra pedagogia para nortear nossa prática educacional.

5. Procedimentos de estudo e ensino

(Indicações de uso desses procedimentos encontram-se na Introdução do livro.)

1. Questões para estudo e compreensão do texto

a) Qual tem sido a reação cotidiana das pessoas à filosofia? Além de verificar como o texto expressa essa questão, analise como você pessoalmente e as pessoas de sua convivência falam da filosofia.

b) Que tipo de entendimento da realidade é produzido pela filosofia?

c) É possível viver sem alguma compreensão valorativa da vida? O direcionamento valorativo inconsciente da vida humana constitui-se em uma prática filosófica? Por quê?

d) Como o entendimento produzido pela filosofia se articula com a vida humana e a orienta?

e) Que comprometimentos pode ter a filosofia com determinados segmentos da sociedade humana?

f) Identifique e explicite os três passos do processo do filosofar.

g) Que relação existe entre filosofia e educação?

h) Qual a reação entre filosofia e pedagogia?

2. Sugestões de temas para dissertação ou discussão em grupo

a) Como proceder o filosofar sobre o cotidiano em geral e sobre o cotidiano escolar.

b) O papel da filosofia na prática educativa.

3. Sugestões bibliográficas para estudos complementares

BASBAUM, Leôncio. O panorama contemporâneo, Capítulo 1 do livro *Sociologia do materialismo*. 3. ed. São Paulo: Símbolo, 1978, p. 15-28.

BUZZI, Arcângelo. Prefácio do livro *Introdução ao pensar*. Petrópolis: Vozes, 1973.

CORBISIER, Roland. Prefácio do livro *Filosofia e crítica radical*. São Paulo: Duas Cidades, 1976, p. 9-16; ver ainda, neste mesmo livro, o capítulo Carência de filosofia, p. 101-116.

GRAMSCI, Antonio. Alguns pontos preliminares de referência, no livro *Concepção dialética da história*. Rio de Janeiro: Civilização Brasileira, 1978, p. 11-30.

POLITZER, Georges. Introdução do livro *Princípios fundamentais de filosofia*. São Paulo: Hemus, s/d, p. 13-23.

SAVIANI, Dermeval. Educação: do senso comum à consciência filosófica e a Filosofia na formação do educador, capítulos do livro *Educação: do senso comum à consciência filosófica*. São Paulo: Cortez, 1980, p. 9-16 e 17-30.

VANNUCHI, Aldo. Introdução, Capítulo 1 do livro *Filosofia e ciências humanas*. São Paulo: Loyola, 1977, p. 7-22.

Capítulo 2

Educação e sociedade: redenção, reprodução e transformação

No capítulo anterior retomamos alguns elementos básicos do conceito de filosofia, do processo do filosofar, da relação entre filosofia e educação, chegando a indicar que não há uma pedagogia que esteja isenta de pressupostos filosóficos.

Vamos tentar avançar um pouco. Se a educação está eivada de sentido, de conceitos, valores e finalidades que a norteiam, acreditamos que a primeira pergunta a ser feita é a que se refere ao próprio sentido e valor da educação *na* e *para* a sociedade. Cabe começar pela questão mais abrangente e fundamental: que sentido pode ser dado à educação, como um todo, dentro da sociedade? Da resposta a essa pergunta segue-se uma *compreensão da educação* e do seu *direcionamento*.

Alguns responderão que a educação é responsável pela direção da sociedade, na medida em que ela é capaz de direcionar a vida social, salvando-a da situação em que se encontra; um segundo grupo entende que a educação reproduz a sociedade como ela está; há um terceiro grupo de pedagogos e teóricos da educação que compreendem a educação como uma instância mediadora de uma forma de entender e viver a sociedade. Para estes a educação nem salva nem reproduz a sociedade, mas pode e deve servir de meio para a efetivação de uma concepção de sociedade.

Esses três grupos de entendimento do sentido da educação na sociedade podem ser expressos, respectivamente, pelos conceitos seguintes: educação como *redenção*; educação como *reprodução*; e educação como um meio de *transformação* da sociedade.

Essas são as três tendências filosófico-políticas para compreender a Educação que se constituíram ao longo da prática educacional. *Filosóficas*, porque compreendem o seu sentido; e *políticas*, porque constituem um direcionamento para sua ação.

Para agirmos com um nível significativo de consciência na prática pedagógica, necessitamos compreender essas perspectivas e criticamente produzir uma compreensão que venha a nortear o nosso trabalho.

1. Educação como redenção da sociedade

A primeira das tendências — a tendência *redentora* — concebe a sociedade como um conjunto de seres humanos que vivem e sobrevivem em um todo orgânico e harmonioso, com desvios de grupos e indivíduos que ficam à margem desse todo. Ou seja, a sociedade está "naturalmente" composta com todos os seus elementos; o que importa é integrar em sua estrutura tanto os novos elementos (novas gerações), quanto os que, por qualquer motivo, se encontram à sua margem. Importa, pois, manter e conservar a sociedade, integrando os indivíduos no todo social.

Com esta compreensão, a educação como instância social que está voltada para a formação da personalidade dos indivíduos, para o desenvolvimento de suas habilidades e para a veiculação dos valores éticos necessários à convivência social, nada mais tem que fazer do que se estabelecer como *redentora* da sociedade, integrando harmonicamente os indivíduos no todo social já existente.

A educação seria, assim, uma instância quase que exterior à sociedade, pois, de fora dela, contribui para o seu ordenamento e equilíbrio permanentes. A educação, nesse sentido, tem por significado e finalidade a adaptação do indivíduo à sociedade. Deve "reforçar os laços sociais, promover a coesão social e garantir a integração de todos os indivíduos no corpo social".[1]

Nesse contexto, a educação assume uma significativa margem de autonomia, na medida em que deve configurar e manter a conformação do corpo social. Em vez de receber as interferências da sociedade, é ela que interfere, quase que de forma absoluta, nos destinos do todo social, curando-o de suas mazelas. Este é um modo ingênuo de compreender a relação entre educação e sociedade.

Um exemplo típico dessa concepção de educação como redentora da sociedade está em Comênio,[2] autor de uma obra clássica sobre ensino, publicada em 1657, intitulada *Didática magna: tratado da arte universal de ensinar tudo a todos*. No capítulo destinado a demonstrar a todos — ministros de Estado, pastores de igrejas, diretores de escola, pais, tutores — o sentido da obra que empreende, Comênio deixa claro seu entendimento da finalidade da educação. Parte da compreensão de que o mundo foi criado bom e harmônico por Deus. Pela desobediência, o ser humano (através do casal originário Adão e Eva) introduziu o desequilíbrio, o pecado! Deus mandou Cristo para trazer a salvação para os seres humanos e oferecer-lhes a oportunidade de retornar ao equilíbrio e à harmonia. Porém, os homens continuaram no seu delírio de quedas, distorções e desvios. À educação cabe a recuperação dessa harmonia perdida. É preciso, pela educação, "amar a sociedade".

Sobre a queda e o desequilíbrio, em relação à harmonia primitiva no paraíso, Comênio diz:

> Mas que desventura foi a nossa! Estávamos no paraíso das delícias corporais, e perdemo-lo; e, ao mesmo tempo, perdemos o paraíso das delícias espirituais, que éramos nós mesmos. Fomos expulsos para as solidões da terra,

---

1. Saviani, Dermeval. *Escola e democracia*. São Paulo: Cortez/Autores Associados, 1987, p. 8-17.

2. João A. Comênio foi um educador do século XVII, nascido na antiga Morávia (hoje Tchecoslováquia), em 28 de março de 1592, e falecido em 15 de novembro de 1670, em Amsterdã. Escreveu muitas obras sobre educação. A mais conhecida é a *Didática magna*. Há uma tradução portuguesa da Fundação Calouste Gulbenkian. É essa edição que usaremos para as citações que se seguirão no corpo do próprio texto.

e tornamo-nos nós próprios uma solidão e um autêntico deserto escuro e esquálido. Com efeito, fomos ingratos para com aqueles bens, dos quais, no paraíso, Deus nos havia cumulado com abundância relativamente à alma e ao corpo; merecidamente, portanto, fomos despojados de uns e de outros, e a nossa alma e o nosso corpo tornaram-se o alvo das desgraças. (p. 57)

Para ele havia uma ordem, uma harmonia que foi quebrada. Essa ordem e harmonia parece, no escrito de Comênio, estar distante. Ela teria ocorrido no Paraíso Terrestre, descrito no texto bíblico. No entanto, de fato, Comênio lamentava o desequilíbrio social existente na sua época e desejava reordená-la. Falava sobre o presente e lamentava-o.

Na verdade, do que existe em nós ou do que a nós pertence, haverá algo que esteja no seu devido lugar? Nada em parte alguma. Invertido e estagnado, tudo está destruído e arruinado. (p. 60)

E Comênio complementa essa consideração, identificando os desvios do ser humano e da sociedade da sua época no que se refere à inteligência, à prudência, à sabedoria, ao amor próprio, à justiça, à castidade, à simplicidade etc. Ou seja, na sua sociedade é que se faziam presentes os desequilíbrios como ecos da desarmonia original.

Mas, para o autor, a humanidade e a sociedade da sua época não estavam de todo abandonadas. Havia soluções. Uma delas era a "redenção dos pecadores" por Jesus Cristo; a outra estava colocada por Deus nas mãos de todos: seguir os seus ensinamentos.

Concorrer também nós para o aperfeiçoamento da nossa vida, segundo os modos e os caminhos que nos mostrou o mesmo sapientíssimo Deus, o qual ordena tudo conforme os seus caminhos. (p. 62)

Mas como colaborar para esse processo de regeneração da sociedade? Como processar sua redenção? Comênio nos aponta o caminho da educação. Ele é o meio mais eficaz de redimir essa sociedade.

Um dos primeiros ensinamentos que a Sagrada Escritura nos dá é este: sob o sol não há nenhum outro caminho mais eficaz para corrigir as corrupções humanas que a reta educação da juventude. (p. 62)

E como poderá ser alcançado esse esforço de recuperar a sociedade? Renovando-a pela educação, fazendo com que toda a juventude,

de um e de outro sexo — responde-nos Comênio —, sem excetuar ninguém em parte alguma, possa ser formada nos estudos, educada nos bons costumes, impregnada de piedade, e, desta maneira, possa ser, nos anos de puberdade, instruída em tudo o que diz respeito à vida presente e futura, com economia de tempo e fadiga, com agrado e com solidez. (p. 43)

Tudo será feito para que a sociedade seja redimida e que "haja menos trevas, menos confusão, menos dissídios e mais luz, mais ordem, mais paz, mais tranquilidade" (p. 44).

Assim, Comênio é um legítimo representante da tendência filosófica que considera a educação *redentora* da sociedade. Para ele, pela educação das crianças e dos jovens a sociedade será redimida. Ele não crê nas possibilidades de reequilibrar a sociedade a partir dos adultos e acredita mesmo que sua "arte de ensinar" não servirá para eles. Sobre isto nos diz:

Com efeito, para transplantar árvores velhas e nelas infundir fecundidade, não basta a força da arte. Portanto, as mentes simples e não ainda ocupadas e estragadas por vãos preconceitos e costumes mundanos são as mais aptas para amar a Deus. (p. 65)

Portanto, a educação terá a força de redimir a sociedade se investir seus esforços nas gerações novas, formando suas mentes e dirigindo suas ações a partir dos ensinamentos. Deste modo, elas estarão sendo adaptadas ao ideal de sociedade através da educação.

Vale observar que essa concepção e educação redentora da sociedade perdurou por épocas. Os enciclopedistas da Revolução Francesa (pedagogia tradicional) e os pedagogos do final do século XIX (pedagogia nova) continuaram com essa mesma compreensão. Os enciclopedistas acreditavam na redenção da sociedade pela educação das mentes e os pedagogos da escola ativa do final do século XIX e início do século XX acreditavam na redenção da sociedade através da formação da convivência entre as pessoas, a partir do atendimento às diferenças individuais de cada um.

No próximo capítulo, falaremos desses casos específicos de pedagogia.

Tanto Comênio como os enciclopedistas e pedagogos renovados, todos consideram a sociedade como um todo orgânico que deve ser mantido e restaurado por meio da educação.

A essa tendência de dar à educação a finalidade filosófico-política de redimir a sociedade, Dermeval Saviani dá a denominação de "teoria não crítica da educação", devido ao fato de ela não levar em conta a contextualização crítica da educação *dentro* da sociedade da qual ela faz parte.[3]

Importa, por último, notar que essa tendência redentora da educação se faz presente ainda hoje. Quantos não são aqueles que trabalham em educação e consideram ingenuamente os seus atos como atos isentos de comprometimentos com a política e totalmente voltados para a redenção da sociedade?

2. Educação como reprodução da sociedade

A segunda tendência de interpretação do papel da educação na sociedade é a que afirma que a educação faz, integralmente, parte da sociedade e a reproduz. Diversa da tendência anterior, aborda a educação como uma instância *dentro* da sociedade e exclusivamente ao seu serviço. Não a *redime* de suas mazelas, mas a *reproduz* no seu modelo vigente, perpetuando-a, se for possível.

A diferença fundamental entre a tendência anterior e esta é que a educação *redentora* atua *sobre* a sociedade como uma instância corretora dos seus desvios, tornando-a melhor e mais próxima do modelo de perfeição social harmônica idealizada. A interpretação da educação como *reprodutora* da sociedade implica entendê-la como um elemento da pró-

---

3. Saviani, Dermeval, op. cit., p. 9.

pria sociedade, determinada por seus *condicionantes* econômicos, sociais e políticos — portanto, a serviço dessa mesma sociedade e de seus condicionantes.

Na primeira posição, a visão da educação é "não crítica". Aqui, ela é "crítica", desde que aborda a educação a partir de seus determinantes; porém além de ser crítica, é *reprodutivista*, desde que a vê somente como elemento destinado a reproduzir seus próprios condicionantes.

Dermeval Saviani denomina esta tendência de "teoria crítico-reprodutivista" da educação.[4]

Entre os muitos autores que assumem essa concepção,[5] vamos tomar um só. É claro que cada um deles tem uma forma específica de tratamento da relação entre educação e sociedade. Para o objetivo que temos aqui, no entanto, basta-nos um deles e vamos tomar as ideias de Louis Althusser, no seu livro *Ideologia e aparelhos ideológicos de Estado*.[6]

Antes de iniciarmos a abordagem que este autor faz da educação como reprodutora da sociedade, vale observar que a tendência "crítico-reprodutivista" não se traduz numa pedagogia, ou seja, ela não estabelece *um modo de agir para a educação*, como propunha a tendência anterior e como proporá a subsequente. Pretende apenas demonstrar *como atua a educação dentro* da sociedade e não *como ela deve atuar*. Por si mesma, a educação, como está aí, serve de reprodutora dessa sociedade. A tendência "crítico-reprodutivista" não propõe uma prática pedagógica, mas analisa a existente, projetando essa análise para o futuro.

Em *Ideologia e aparelhos ideológicos de Estado*, Althusser faz, a partir de pressupostos marxistas, um estudo sobre o papel da escola como um dos

---

4. Idem, p. 19-20.

5. Muitos autores fizeram a análise reprodutivista da educação. Além de Althusser, que vamos utilizar, podemos citar: Bourdieu, Pierre e Passeron, Claude. *A reprodução*. Rio de Janeiro: Francisco Alves, 1975; Baudelot, C. e Establet, R. *Escola capitalista na França*. Paris, 1971 (não há tradução para o português); Bowles e Gintis. *Escola capitalista na América*. EUA (não há tradução para o português).

6. Althusser, Louis. *Ideologia e aparelhos ideológicos de Estado*. Lisboa: Editorial Presença, s/d. Vamos nos utilizar dessa edição e, por isso, só indicamos as páginas de onde retiramos as transcrições. Há uma tradução desse livro no Brasil, publicada pela Editora Global.

aparelhos do Estado, como uma das instâncias da sociedade que veicula a sua ideologia dominante, para reproduzi-la. Vamos seguir as reflexões do autor e ver como isso se dá, segundo a sua abordagem.[7]

Toda sociedade, para perenizar-se, necessita *reproduzir-se* em todos os seus aspectos; caso contrário, desaparece. Parafraseando Marx, Althusser nos diz que se "uma formação social não reproduz as condições de produção ao mesmo tempo em que produz, não conseguirá sobreviver um ano que seja" (p. 9). E, para que isso aconteça, tanto economistas marxistas como burgueses reconhecem "que não há produção possível sem que seja assegurada a reprodução das condições materiais da produção: a reprodução dos meios de produção" (p. 13).

Assim, a cada momento, os administradores da produção deverão estar atentos, verificando o que necessita ser suprido e/ou substituído, para a manutenção do *teor* de produção ou para o seu incremento e aumento. É impossível manter a produção sem que ocorra a reprodução dos meios materiais que garantam a manutenção ou o incremento da produção, assim como torna-se necessária a "reprodução cultural" da sociedade. É este o tema de abordagem de Althusser. Vamos seguir seu raciocínio.

Não há como continuar a produzir sem a entrada de matérias-primas e sem a reprodução das condições técnicas da produção. Os equipamentos desgastam-se ou tornam-se obsoletos. Todavia, não nos interessa aprofundar, aqui, o estudo da reprodução dos bens materiais. Basta-nos, por enquanto, saber que sua reprodução é condição indispensável para manter a sua produção.

No entanto, a produção de bens materiais e sua reprodução não se realizam sem outro elemento básico: a força de trabalho. Como qualquer outro elemento, ela não é infinita e inesgotável, o que exige, também, a sua reprodução.

Como isso acontece? A força de trabalho possui duas vertentes que servem diretamente ao sistema produtivo: uma vertente biológica e outra

---

7. A abordagem que se segue foi retirada, em sua quase totalidade, do capítulo Escola: otimização do sistema social. In: Luckesi, Cipriano C. *Equívocos teóricos na prática educacional*. Rio de Janeiro: ABT, 1983, p. 13-9.

cultural. Do ponto de vista biológico há que se reproduzir a força de trabalho, pois, em caso contrário, um dos impulsionadores da produção — o trabalhador, o operário — será extinto. O termo "proletário" tem seu sentido primitivo em "prole", que significa exatamente a multiplicação biológica dos homens — no caso, trabalhadores para o sistema produtivo capitalista. A prole (conjunto de filhos) multiplica o pai (força de trabalho) do ponto de vista biológico. As forças (trabalhadores) que se desativam pela doença ou pela morte devem ser substituídas por reproduções suas (filhos: novas forças de trabalho). O sistema de produção capitalista sustenta a reprodução biológica pelo salário. Do ponto de vista cultural, a força de trabalho deve manifestar competência no exercício das atividades que garantem a produção. "Não basta assegurar à força de trabalho — nos diz Althusser — as condições materiais de sua reprodução, para que ela seja reproduzida como força de trabalho. Dissemos que a força de trabalho deveria ser competente, isto é, apta a ser posta a funcionar no sistema complexo do processo de produção" (p. 19).

Deve-se, pois, não só reproduzir a mão de obra do ponto de vista quantitativo (biológico), mas também qualitativo (cultural). Ou seja, torna-se necessária a formação profissional, segundo os diversos níveis e necessidades da divisão social do trabalho.

Como se dá essa reprodução da força de trabalho do ponto de vista qualitativo? No passado, nas sociedades simples e primitivas, essa aprendizagem, essa preparação, se fazia na própria prática cotidiana. Aprendia-se operando o próprio meio de trabalho. Na medida em que os grupamentos humanos foram se tornando mais complexos, seja do ponto de vista numérico, seja do ponto de vista das relações sociais, a preparação da força de trabalho, do ponto de vista qualitativo (reprodução cultural da força de trabalho), foi delegada a uma instituição social específica: a escola.

Com isso, a escola alcançou o foro de principal instrumento para a reprodução qualitativa da força de trabalho de que necessitava a sociedade capitalista.

E, então, como atua a escola? Segundo Althusser, a sua ação opera em dois sentidos diversos, mas complementares.

1º) De um lado, "vai-se mais ou menos longe nos estudos, mas, de qualquer maneira, aprende-se a ler, a escrever, a contar — portanto, algumas técnicas — e ainda mais coisas, inclusive elementos (que podem ser rudimentares ou, pelo contrário, aprofundados) de 'cultura científica' ou literária diretamente utilizáveis nos diferentes lugares da produção (uma instrução para os operários, outra para os técnicos, uma terceira para os engenheiros, uma outra para os quadros superiores etc...). Aprendem-se, portanto, saberes práticos (*des savoir faire*)" (p. 20-1).

2º) De outro lado, "e ao mesmo tempo que ensina estas técnicas e estes conhecimentos, a escola ensina também 'as regras' dos bons costumes, isto é, o comportamento que todo agente da divisão do trabalho deve observar, segundo o lugar que está destinado a ocupar: regras de moral, da consciência cívica e profissional; o que significa, exatamente, regras de respeito pela divisão social técnica do trabalho, pelas regras da ordem estabelecida pela dominação de classe. Ensina também a bem falar, a redigir bem, o que significa exatamente (para os futuros capitalistas e seus servidores) mandar bem, isto é (solução ideal), a falar bem aos operários etc..." (p. 21).

Sobre esta dupla modalidade de ação da escola, Althusser, à guisa de interpretação, diz que "enunciando este fato numa linguagem mais científica, dizemos que a reprodução da força de trabalho exige não só uma reprodução da qualificação desta, mas, ao mesmo tempo, uma reprodução da submissão desta às regras da ordem estabelecida; isto é, uma reprodução da submissão desta à ideologia dominante, para os operários, e uma reprodução da capacidade para manejar bem a ideologia dominante, para os agentes da exploração e da repressão, a fim de que possam assegurar, também 'pela palavra', a dominação da classe dominante. Por outras palavras, a escola (mas também outras instituições do Estado, comn a Igreja, ou outros aparelhos, como o Exército) ensinam os saberes práticos, mas em moldes que asseguram a *sujeição à ideologia dominante* (grifos de Althusser) ou o manejo da prática desta. Todos os agentes da produção, da exploração e da repressão, não faltando os profissionais da ideologia, devem estar de uma maneira ou de outra penetrados desta ideologia para desempenharem conscienciosamente a sua tarefa, quer de explorados (os proletários), quer de exploradores (os capitalistas), quer de auxiliares da exploração (os quadros), quer de papas da ideologia dominante (os seus funcionários) etc..." (p. 21-2)

E o autor remata dizendo que é "nas formas e sob as formas da sujeição ideológica que é assegurada a reprodução da força de trabalho" (p. 23). Não basta, pois, a reprodução qualitativa da competência da força de trabalho. Torna-se básico que essa reprodução se dê sob a égide da sujeição à ideologia dominante. Ao "saber fazer" acrescente-se o "saber comportar-se".

A escola deveria, então, normalmente trabalhar nos dois sentidos. Todavia, em uma primeira visão, parece que a prática escolar no Brasil tem tendido mais para o ensino das "regras do bem comportar-se" do que para o ensino do saber. Ou seja, "aprender a comportar-se" de tal forma determinada torna-se mais importante do que "saber", de uma maneira científica e técnica suficientemente adequada.

A escola, segundo a análise de Althusser, é o instrumento criado para otimizar o sistema produtivo e a sociedade a que ele serve, pois ela não só qualifica para o trabalho, socialmente definido, mas também introjeta valores, que garantem a reprodução comportamental compatível com a ideologia dominante. Tornar um aluno mais competente tecnicamente não é o suficiente. Ele deve tornar-se mais competente para manter uma sociedade determinada.

Junto ao "saber" vem acoplado o "saber interpretar" a sociedade do ponto de vista dos interesses da classe dominante. O termo "formação", muito utilizado para definir os fins da atividade escolar, expressa bem o papel de reprodutora do sistema que desempenha a escola. "Formar" quer dizer "dar forma a", padronizar segundo um modelo.

Para demonstrar o funcionamento da escola como instrumento da sociedade dominante, conduzindo não só à aprendizagem do "saber", mas também do "saber comportar-se", Althusser sentiu necessidade de analisar a estrutura social, situando o papel específico da escola dentro deste esquema.

Para tanto, teve necessidade de reportar-se ao modelo marxista da infraestrutura e da supraestrutura. A infraestrutura, determinante, é formada pelos elementos econômicos da sociedade; a supraestrutura é o conjunto dos elementos "culturais" condicionados pela infraestrutura, possuindo uma autonomia suficiente para interferir e reproduzir a sociedade.

Interessa, para comentar a escola, falar da supraestrutura e seus elementos. A sociedade cria os organismos que a perpetuam. O Estado, com seus aparelhos, é o fator fundamental de manutenção e reprodução da sociedade. O Estado, segundo o autor, se mantém a partir de seus aparelhos repressivos que se manifestam pelo exercício da violência — e de seus aparelhos ideológicos — que veiculam e inculcam valores da sociedade vigente, tendo em vista sua manutenção e reprodução. Os aparelhos ideológicos de Estado são os elementos da supraestrutura que estão propriamente a serviço da manutenção da sociedade. À guisa de exemplos, sem que se deva levar em conta uma hierarquia ou uma ordem de prioridade, o autor cita os seguintes aparelhos ideológicos: religioso, escolar, familiar, jurídico, sindical, da informação, cultural (letras, artes etc.).

Neste estudo, interessam-nos apenas os aparelhos ideológicos de Estado e, entre eles, aquele que Althusser considera a "prima-dona": a Escola. Segundo o autor, na sociedade moderna, a Escola substituiu a Igreja no esquema da reprodução através da veiculação de valores.

No concerto geral dos aparelhos ideológicos de Estado, "há um aparelho ideológico de Estado que desempenha, incontestavelmente, o papel dominante, embora nem sempre se preste muita atenção à sua música: ela é de tal maneira silenciosa! Trata-se da escola!" (p. 64).

Os aparelhos ideológicos de Estado permitem e garantem a hegemonia política, sustentadora do poder, pelo processo de reprodução das relações de produção vigentes na sociedade. A escola, nesse processo, tem papel predominante.

A escola, como principal aparelho ideológico de Estado, atua sobre as diversas faixas etárias do cidadão, em cada uma exercendo, em plenitude, seu papel de reprodutora das forças de trabalho.

Desde a infância a escola exerce seu papel sobre o cidadão. "A partir da pré-primária, inculca-lhe durante anos, os anos em que a criança está mais 'vulnerável', entalada entre o Aparelho de Estado familiar e o Aparelho de Estado escolar, saberes práticos (*des savoir faire*) envolvidos na ideologia dominante (o francês, o cálculo, a história, as ciências, a literatura), ou simplesmente, a ideologia dominante no estado puro (moral, instrução cívica, filosofia). Algures, por volta dos dezesseis anos, uma enorme massa de crianças cai na produção: são os operários ou os pequenos camponeses. A outra parte da juventude escolarizável continua: e, seja como for, faz um terço do caminho para cair sem chegar ao fim e preencher os postos dos quadros de médios e pequenos empregados, de pequenos e médios funcionários, pequeno-burgueses de toda espécie. Uma última parte consegue ascender aos cumes, quer para cair no semi-desemprego intelectual, quer para fornecer, além dos 'intelectuais do trabalho coletivo', os agentes da exploração (capitalistas, *managers*), os agentes da repressão (militares, policiais, políticos, administradores) e os profissionais da ideologia (padres de toda espécie, a maioria dos quais são laicos convencidos)" (p. 65).

Essa prática escolar que perpassa a vida das pessoas, da infância à maturidade, deixa sua marca indelével na personalidade de cada um reproduzindo a força de trabalho; reproduzindo mais propriamente as relações de produção de uma dada sociedade. Os papéis definidos pela divisão social do trabalho se especificam conforme a escolaridade de cada um. "Cada massa que fica pelo caminho está praticamente recheada da ideologia que convém ao papel que ela deve desempenhar na sociedade de classes:

- ☐ papel de explorado (com consciência profissional, moral, cívica, nacional e apolítica altamente desenvolvida);

- ☐ papel de agente da exploração (saber mandar e falar aos operários: as relações humanas);

- ☐ de agentes de repressão (saber mandar e ser obedecido sem discussão ou saber manejar a demagogia da retórica dos dirigentes políticos);

☐ ou (de) profissionais da ideologia (que saibam tratar as consciências com respeito, isto é, com o desprezo, a chantagem, a demagogia que convém, acomodamos às sutilezas da Moral, da Virtude, da Transcendência, da Nação, do papel da França no mundo etc...)" (p. 66).

Esses valores da sociedade dominante, que se reproduzem por meio da escola, não operam nela, com exclusividade. A família, a Igreja, os meios de comunicação social, subsidiam o mesmo fim. Todavia nenhuma outra instituição, como a escola, "dispõe, durante tanto tempo, da audiência obrigatória (e ainda, por cima, gratuita...) da totalidade das crianças da formação social capitalista: 5, 6 dias em 7 que tem a semana, à razão de 8 horas por dia" (p. 65).

E para não deixar dúvidas sobre o que quer dizer, Althusser afirma que "é através da aprendizagem de alguns saberes práticos (*savoir faire*), envolvidos na inculcação massiva da ideologia da classe dominante, que são em grande parte reproduzidas as relações de produção de uma formação social capitalista, isto é, as relações de explorados com exploradores e de exploradores com explorados" (p. 66-7).

A escola, pois, age por valores e otimiza, ao máximo, o sistema dentro do qual está inserida e ao qual serve. Não é a escola que institui a sociedade, mas, é, ao contrário, a sociedade que institui a escola para o seu serviço. A escola, pela análise feita por Althusser, é o instrumento de reprodução e, por isso mesmo, de manutenção do sistema social vigente.

Do ponto de vista desse autor, o poder dominante é tão forte na sociedade, que não há possibilidade nenhuma para a escola de trabalhar pela sua transformação. Apesar de assumir um *posicionamento crítico* em termos de abordagem da educação, Althusser acrescenta a ela uma perspectiva *reprodutivista*, chegando ao pessimismo derrotista que pode ser visto no seguinte parágrafo:

> Peço desculpas aos professores que, em condições terríveis, tentam voltar contra a ideologia, contra o sistema e contra as práticas em que este os encerra, as armas que podem encontrar na história e no saber que "ensinam". Em certa medida são heróis. Mas são raros e quantos (a maioria) não têm

sequer vislumbre de dúvida quanto ao trabalho que o sistema (que os ultrapassa e esmaga) os obriga a fazer; pior, dedicam-se inteiramente e em toda consciência à realização desse trabalho (os famosos métodos novos). Têm tão poucas dúvidas, que contribuem até pelo seu devotamento a manter e a alimentar a representação ideológica da Escola que a torna hoje tão "natural", indispensável-útil e até benfazeja aos nossos contemporâneos, quanto a Igreja era "natural", indispensável, para os nossos antepassados de há séculos (p. 67-8).

Assim, na visão reprodutivista de Althusser, façam o que fizerem os professores — lutem, melhorem suas práticas, melhorem seus métodos e materiais —, tudo será em vão, já que sempre reproduzirão a ideologia dominante e, pois, a sociedade vigente.

3. Educação como transformação da sociedade

A terceira tendência é a que tem por perspectiva compreender a educação como *mediação* de um projeto social. Ou seja, *por si*, ela nem redime nem reproduz a sociedade, mas serve de meio, ao lado de outros meios, para realizar um projeto de sociedade; projeto que pode ser conservador ou transformador. No caso, essa tendência não coloca a educação a serviço da conservação. Pretende demonstrar que é possível compreender a educação *dentro* da sociedade, com os seus determinantes e condicionantes, mas com a possibilidade de trabalhar pela sua democratização.

A *tendência redentora* é otimista em relação ao poder da educação sobre a sociedade, a *tendência reprodutivista* é pessimista, no sentido de que sempre será uma instância a serviço do modelo dominante de sociedade. Em termos de resultados, as duas tendências parecem chegar ao mesmo ponto. A *tendência redentora* pretende "curar" a sociedade de suas mazelas, adaptando os indivíduos ao modelo ideal de sociedade (que, no fundo, não é outra senão aquela que atende aos interesses dominantes). A *tendência reprodutivista* afirma que a educação não é senão uma instância de reprodução do modelo de sociedade ao qual serve; que, no caso do presente, é a sociedade vigente. Uma reconhece que a educação é a instância que corrige desvios do modelo social; outra reconhece que a educação reproduz o modelo social. Em ambos os casos, a organização da sociedade é tida como "natural" e a-histórica. As formas de visão é que diferem: otimismo de um lado, pessimismo de outro.

Os teóricos da terceira tendência, nem negam que a educação tem papel ativo na sociedade, nem recusam reconhecer os seus condicionantes histórico-sociais. Ao contrário, consideram a possibilidade de agir a partir dos próprios condicionantes históricos.

Dermeval Saviani assim se refere a esse tema:

> Uma teoria do tipo acima enunciado se impõe a tarefa de superar tanto o poder ilusório (que caracteriza as teorias não críticas) como a impotência (decorrente das teorias-crítico-reprodutivistas), colocando nas mãos dos educadores uma arma de luta capaz de permitir-lhes o exercício de um poder real, ainda que limitado.[8]

Assim sendo, esta terceira tendência poderá ser denominada de "crítica" tanto na medida em que não cede ao ilusório otimismo, quanto na medida em que interpreta a educação dimensionada dentro dos determinantes sociais, com possibilidades de agir estrategicamente. Assim ela pode ser uma instância social, entre outras, na luta pela transformação da sociedade, na perspectiva de sua democratização efetiva e concreta, atingindo os aspectos não só *políticos*, mas também *sociais* e econômicos.

Para tanto, importa interpretar a educação como uma instância dialética que serve a um projeto, a um modelo, a um ideal de sociedade. Ela medeia esse projeto, ou seja, trabalha para realizar esse projeto na prática. Assim, se o projeto for conservador, medeia a conservação; contudo, se o projeto for transformador, medeia a transformação; se o projeto for autoritário, medeia a realização do autoritarismo; se o projeto for democrático, medeia a realização da democracia.

Dessa forma, a educação, por si, não será mecanicamente reprodutivista. Ela *poderá ser* reprodutora, mas não necessariamente; desde que

---

8. Idem, p. 35-6.

poderá ser criticizadora.[9] Poderá estar, pois, a serviço de um projeto de libertação das maiorias dentro da sociedade.

Claro, não será simples à educação, e aos educadores que a realizam, efetivar esse processo dentro da sociedade capitalista, pois que esta possui muitos ardis pelos quais ela se recompõe, tendo em vista não modificar-se.

O professor Dermeval Saviani nos alerta para essa dificuldade, dizendo-nos o seguinte:

> O caminho é repleto de armadilhas, já que os mecanismos de adaptação acionados periodicamente a partir dos interesses dominantes podem ser confundidos com anseios da classe dominada. Para evitar esse risco, é necessário avançar no sentido de captar a natureza específica da educação, o que nos levará à compreensão das complexas mediações pelas quais se dá sua inserção contraditória na sociedade capitalista.[10]

No próximo capítulo, que abordará as "tendências pedagógicas", teremos oportunidade de entrar em contato com as diversas pedagogias que podem ser consideradas transformadoras. Então, veremos as estratégias que foram sendo propostas e desenvolvidas, para que elas pudessem assim ser denominadas.

Por ora, encerramos com uma sugestão do professor Saviani. Ele nos indica a necessidade de cuidar daquilo que é específico da escola, para que esta venha a cumprir um papel de mediação num projeto democratizado da sociedade. Diz ele:

> Do ponto de vista prático trata-se de retomar vigorosamente a luta contra a seletividade, a discriminação e o rebaixamento do ensino das camadas populares. Lutar contra a marginalidade, através da escola, significa engajar-se no esforço para garantir aos trabalhadores um ensino da melhor qualidade possível nas condições históricas atuais. O papel de uma teoria

---

9. Sobre isso, recomendo a leitura de Cury, Carlos Roberto Jamil. *Educação e contradição*. São Paulo: Cortez/Autores Associados, 1984. Categorias possíveis para a compreensão do fenômeno educativo. In: Revista *Educação & Sociedade*, n. 2.

10. Saviani, Dermeval, op. cit., p. 36.

crítica da educação é dar substância concreta a essa bandeira de luta, *de modo a evitar que ela seja apropriada e articulada com os interesses dominantes.*[11] (Os grifos não pertencem ao texto original.)

4. Conclusão

Apresentamos três tendências filosóficas de interpretação da educação que redundam em formas de agir, politicamente, no contexto da prática pedagógica. A *tendência redentora* propõe uma ação pedagógica otimista, do ponto de vista político, acreditando que a educação tem poderes quase absolutos sobre a sociedade. A *tendência reprodutivista* é crítica em relação à compreensão da educação na sociedade, porém pessimista, não vendo qualquer saída para ela, a não ser submeter-se aos seus condicionantes. Por último, a *tendência transformadora*, que é crítica, recusa-se tanto ao otimismo ilusório, quanto ao pessimismo imobilizador. Por isso, propõe-se compreender a educação dentro de seus condicionantes e agir estrategicamente para a sua transformação. Propõe-se desvendar e utilizar-se das próprias contradições da sociedade, para trabalhar realisticamente (criticamente) pela sua transformação.

A nós, tendo compreendido essas tendências, cabe, filosoficamente (criticamente), descobrir qual a tendência que orientará o nosso trabalho. O que não podemos é ficar sem nenhuma delas, pois, como dissemos, quando não pensamos, somos pensados e dirigidos por outros.

5. Procedimentos de estudo e ensino

1. Questões para estudo e compreensão do texto

    a) Como se entende a educação como um instrumento de redenção da sociedade? Explicitar o aspecto ingênuo e acrítico desta posição.

---

11. Idem, p. 36.

b) Como se entende que a educação reproduz a sociedade? Explorar o aspecto crítico desta posição, no sentido de situar a educação dentro dos condicionamentos sociais determinantes do seu processo.

c) Como se entende a educação como uma das instâncias sociais que pode servir à transformação da sociedade? Explorar o sentido crítico desta posição, tanto do ponto de vista de identificar e reconhecer os seus determinantes sociais como no de buscar uma saída dinâmica para a ação educativa.

2. Sugestões de temas para dissertação ou discussão em grupo

a) Semelhanças e diferenças entre três posições sobre a relação educação e sociedade: redenção, reprodução, transformação.

b) Sua posição a respeito da relação educação e sociedade.

3. Sugestões bibliográficas para estudos complementares

CURY, Carlos Roberto Jamil. Categorias possíveis para a compreensão do fenômeno educativo. In: *Educação & Sociedade*, n. 2.

_____. *Educação e contradição*. São Paulo: Cortez/Autores Associados, 1984.

FREIRE, Paulo. Educação de adultos: é ela um que fazer neutro? In: *Educação & Sociedade*, n. 6, p. 64-70.

SAVIANI, Dermeval. *Escola e democracia*. São Paulo: Cortez/Autores Associados, 1983. Ver especialmente o primeiro capítulo.

_____. Tendências e correntes da educação brasileira. In: BOSI, Alfredo et al. *Filosofia da educação brasileira*. Rio de Janeiro: Civilização Brasileira, 1983.

Capítulo 3

Tendências pedagógicas na prática escolar*

Nos capítulos anteriores, fizemos um esforço para compreender a relação existente entre Pedagogia e Filosofia, mostrando, de um lado, que *pedagogia* se delineia a partir de uma *posição filosófica definida*; e, de outro lado, compreender as perspectivas das relações entre educação e sociedade. Verificamos que são três as tendências que interpretam o papel da educação na sociedade: *educação como redenção, educação como reprodução* e *educação como transformação da sociedade*.

Neste capítulo, vamos tratar das concepções pedagógicas propriamente ditas, ou seja, vamos abordar as diversas tendências teóricas que pretenderam dar conta da compreensão e da orientação da prática educacional em diversos momentos e circunstâncias da história humana. Desse modo, estaremos aprofundando a compreensão da articulação entre filosofia e educação que, aqui, atinge o nível da concepção filosófica da educação, que se sedimenta em uma pedagogia. Genericamente, podemos dizer que a perspectiva redentora se traduz pelas pedagogias liberais e a perspectiva transformadora pelas pedagogias progressistas.

---

* O presente capítulo de autoria de José Carlos Libâneo é a reprodução do Capítulo 1 — Tendências pedagógicas na prática escolar — do livro *Democratização da escola pública: pedagogia crítico-social dos conteúdos*. São Paulo: Loyola, 1985, autorizada pela editora e pelo autor, aos quais agradecemos. Foram introduzidas modificações na Introdução do capítulo para articulá-lo com o conteúdo deste livro.

Essa discussão tem uma importância prática da maior relevância, pois permite a cada professor situar-se teoricamente sobre suas opções, articulando-se e autodefinindo-se.

Para desenvolver a abordagem das tendências pedagógicas utilizamos como critério a posição que cada tendência adota em relação às finalidades sociais da escola. Assim vamos organizar o conjunto das pedagogias em dois grupos, conforme aparece a seguir:

1. Pedagogia liberal

1.1 tradicional

1.2 renovada progressivista

1.3 renovada não diretiva

1.4 tecnicista

2. Pedagogia progressista

2.1 libertadora

2.2 libertária

2.3 crítico-social dos conteúdos

É evidente que tanto as tendências quanto suas manifestações não são puras nem mutuamente exclusivas o que, aliás, é a limitação principal de qualquer tentativa de classificação. Em alguns casos as tendências se complementam, em outros, divergem. De qualquer modo, a classificação e sua descrição poderão funcionar como um instrumento de análise para o professor avaliar a sua prática de sala de aula.

A exposição das tendências pedagógicas compõe-se de uma caracterização geral das tendências *liberal* e *progressista*, seguidas da apresentação das pedagogias que as traduzem e que se manifestam na prática docente.

1. Pedagogia liberal

O termo *liberal* não tem o sentido de "avançado", "democrático", "aberto", como costuma ser usado. A doutrina liberal apareceu como justificação do sistema capitalista que, ao defender a predominância da liberdade e dos interesses individuais da sociedade, estabeleceu uma forma de organização social baseada na propriedade privada dos meios de produção, também denominada *sociedade de classes*. A pedagogia liberal, portanto, é uma manifestação própria desse tipo de sociedade.

A educação brasileira, pelo menos nos últimos cinquenta anos, tem sido marcada pelas tendências liberais, nas suas formas ora conservadora, ora renovada. Evidentemente tais tendências se manifestam, concretamente, nas práticas escolares e no ideário pedagógico de muitos professores, ainda que estes não se deem conta dessa influência.

A pedagogia liberal sustenta a ideia de que a escola tem por função preparar os indivíduos para o desempenho de papéis sociais, de acordo com as aptidões individuais, por isso os indivíduos precisam aprender a se adaptar aos valores e às normas vigentes na sociedade de classes através do desenvolvimento da cultura individual. A ênfase no aspecto cultural esconde a realidade das diferenças de classes, pois, embora difunda a ideia de igualdade de oportunidades, não leva em conta a desigualdade de condições. Historicamente, a educação liberal iniciou-se com a pedagogia tradicional e, por razões de recomposição da hegemonia da burguesia, evoluiu para a pedagogia renovada (também denominada escola nova ou ativa), o que não significou a substituição de uma pela outra, pois ambas conviveram e convivem na prática escolar.

Na tendência tradicional, a pedagogia liberal se caracteriza por acentuar o ensino humanístico, de cultura geral, no qual o aluno é educado para atingir, pelo próprio esforço, sua plena realização como pessoa. Os conteúdos, os procedimentos didáticos, a relação professor-aluno não têm nenhuma relação com o cotidiano do aluno e muito menos com as realidades sociais. É a predominância da palavra do professor, das regras impostas, do cultivo exclusivamente intelectual.

A tendência *liberal renovada* acentua, igualmente, o sentido da cultura como desenvolvimento das aptidões individuais. Mas a educação é um processo interno, não externo; ela parte das necessidades e dos interesses individuais necessários para a adaptação ao meio. A educação é a vida presente, é a parte da própria experiência humana. A escola renovada propõe um ensino que valorize a autoeducação (o aluno como sujeito do conhecimento), a experiência direta sobre o meio pela atividade; um ensino centrado no aluno e no grupo. A tendência liberal renovada apresenta-se, entre nós, em duas versões distintas: a *renovada progressivista*,[1] ou *pragmatista*, principalmente na forma difundida pelos pioneiros da educação nova, entre os quais se destaca Anísio Teixeira (deve-se destacar, também, a influência de Montessori, Decroly e, de certa forma, Piaget); a *renovada não diretiva*, orientada para os objetivos de autorrealização (desenvolvimento pessoal) e para as relações interpessoais, na formulação do psicólogo norte-americano Carl Rogers.

A tendência *liberal tecnicista* subordina a educação à sociedade, tendo como função a preparação de "recursos humanos" (mão de obra para a indústria). A sociedade industrial e tecnológica estabelece (cientificamente) as metas econômicas, sociais e políticas, a educação treina (também cientificamente) nos alunos os comportamentos de ajustamento a essas metas. No tecnicismo acredita-se que a realidade contém em si suas próprias leis, bastando aos homens descobri-las e aplicá-las. Dessa forma, o essencial não é o *conteúdo* da realidade, mas as técnicas (*forma*) de descoberta e aplicação. A tecnologia (aproveitamento ordenado de recursos, com base no conhecimento científico) é o meio eficaz de obter a maximização da produção e garantir um ótimo funcionamento da sociedade; a educação é um recurso tecnológico por excelência. Ela "é encarada como um instrumento capaz de promover, sem contradição, o desenvolvimento econômico pela qualificação da mão de obra, pela redistribuição da renda, pela maximização da produção e, ao mesmo tempo, pelo desenvolvimento da 'consciência política' indispensável à manutenção do Estado autoritário".[2] Utiliza-se basicamente do enfoque sistêmico, da tecnologia educacional e da análise experimental do comportamento.

---

1. A designação "progressivista" vem de "educação progressiva", termo usado por Anísio Teixeira para indicar a função da educação numa civilização em mudança, decorrente do desenvolvimento científico (ideia equivalente a "evolução" em biologia). Esta tendência inspira-se no filósofo e educador norte-americano John Dewey. Cf. Anísio Teixeira, *Educação progressiva*.

2. Kuenzer, Acácia A. e Machado, Lucília R. S. Pedagogia tecnicista. In: Mello, Guiomar N. de (org.). *Escola trova, tecnicismo e educação compensatória*. 3. ed. São Paulo: Loyola, [1988]. p. 34.

1.1 Tendência liberal tradicional

Papel da escola — A atuação da escola consiste na preparação intelectual e moral dos alunos para assumir sua posição na sociedade. O compromisso da escola é com a cultura, os problemas sociais pertencem à sociedade. O caminho cultural em direção ao saber é o mesmo para todos os alunos, desde que se esforcem. Assim, os menos capazes devem lutar para superar suas dificuldades e conquistar seu lugar junto aos mais capazes. Caso não consigam, devem procurar o ensino mais profissionalizante.

Conteúdos de ensino — São os conhecimentos e valores sociais acumulados pelas gerações adultas e repassados ao aluno como verdades. As matérias de estudo visam preparar o aluno para a vida, são determinadas pela sociedade e ordenadas na legislação. Os conteúdos são separados da experiência do aluno e das realidades sociais, valendo pelo valor intelectual, razão pela qual a pedagogia tradicional é criticada como intelectualista e, às vezes, como enciclopédica.

Métodos — Baseiam-se na exposição verbal da matéria e/ou demonstração. Tanto a exposição quanto a análise são feitas pelo professor, observados os seguintes passos: a) preparação do aluno (definição do trabalho, recordação da matéria anterior, despertar interesse); b) apresentação (realce de pontos-chaves, demonstração); c) associação (combinação do conhecimento novo com o já conhecido por comparação e abstração); d) generalização (dos aspectos particulares chega-se ao conceito geral, é a exposição sistematizada); e) aplicação (explicação de fatos adicionais e/ou resoluções de exercícios). A ênfase nos exercícios, na repetição de conceitos ou fórmulas na memorização visa disciplinar a mente e formar hábitos.

Relacionamento professor-aluno — Predomina a autoridade do professor que exige atitude receptiva dos alunos e impede qualquer comunicação entre eles no decorrer da aula. O professor transmite o conteúdo na forma de verdade a ser absorvida; em consequência, a disciplina imposta é o meio mais eficaz para assegurar a atenção e o silêncio.

Pressupostos de aprendizagem — A ideia de que o ensino consiste em repassar os conhecimentos para o espírito da criança é acompanhada de uma outra: a de que a capacidade de assimilação da criança é idêntica à do adulto, apenas menos desenvolvida. Os programas, então, devem ser dados em uma progressão lógica, estabelecida pelo adulto, sem levar em conta as características próprias de cada idade. A aprendizagem, assim, é receptiva e mecânica, para o que se recorre frequentemente à coação. A retenção do material ensinado é garantida pela repetição de exercícios sistemáticos e recapitulação da matéria. A transferência da aprendizagem depende do treino; é indispensável a retenção, a fim de que o aluno possa responder às situações novas de forma semelhante às respostas dadas em situações anteriores. A avaliação se dá por verificações de curto prazo (interrogatórios orais, exercício de casa) e de prazo mais longo (provas escritas, trabalhos de casa). O esforço é, em geral, negativo (punição, notas baixas, apelos aos pais); às vezes, é positivo (emulação, classificações).

Manifestações na prática escolar — A pedagogia liberal tradicional é viva e atuante em nossas escolas. Na descrição apresentada aqui incluem-se as escolas religiosas ou leigas que adotam uma orientação clássico-humanista ou uma orientação humano-científica, sendo que esta se aproxima mais do modelo de escola predominante em nossa história, educacional.

1.2 Tendência liberal renovada progressivista

Papel da escola — A finalidade da escola é adequar as necessidades individuais ao meio social e, para isso, ela deve se organizar de forma a retratar, o quanto possível, a vida. Todo ser dispõe dentro de si mesmo de mecanismos de adaptação progressiva ao meio e de uma consequente integração dessas formas de adaptação no comportamento. Tal integração se dá por meio de experiências que devem satisfazer, ao mesmo tempo, os interesses do aluno e as exigências sociais. À escola cabe suprir as experiências que permitam ao aluno educar-se, em um processo ativo de construção e reconstrução do objeto, em uma interação entre estruturas cognitivas do indivíduo e estruturas do ambiente.

Conteúdos de ensino — Como o conhecimento resulta da ação a partir dos interesses e necessidades, os conteúdos de ensino são estabelecidos em função de experiências que o sujeito vivencia diante dos desafios cognitivos e situações problemáticas. Dá-se, portanto, muito mais valor aos processos mentais e às habilidades cognitivas do que a conteúdos organizados racionalmente. Trata-se de "aprender a aprender", ou seja, é mais importante o processo de aquisição do saber do que o saber propriamente dito.

Método de ensino — A ideia de "aprender fazendo" está sempre presente. Valorizam-se as tentativas experimentais, a pesquisa, a descoberta, o estudo do meio natural e social, o método de solução de problemas. Embora os métodos variem, as escolas ativas ou novas (Dewey, Montessori, Decroly, Cousinet e outros) partem sempre de atividades adequadas à natureza do aluno e às etapas do seu desenvolvimento. Na maioria delas, acentua-se a importância do trabalho em grupo não apenas como técnica, mas como condição básica do desenvolvimento mental. Os passos básicos do método ativo são: a) colocar o aluno em uma situação de experiência que tenha um interesse por si mesma; b) o problema deve ser desafiante, como estímulo à reflexão; c) o aluno deve dispor de informações e instruções que lhe permitam pesquisar a descoberta de soluções; d) soluções provisórias devem ser incentivadas e ordenadas, com a ajuda discreta do professor; e) deve-se garantir a oportunidade de colocar as soluções à prova, a fim de determinar sua utilidade para a vida.

Relacionamento professor-aluno — Não há lugar privilegiado para o professor; antes, seu papel é auxiliar o desenvolvimento livre e espontâneo da criança; se intervém, é para dar forma ao raciocínio dela. A disciplina surge de uma tomada de consciência dos limites da vida grupal; assim, aluno disciplinado é aquele que é solidário, participante, respeitador das regras do grupo. Para se garantir um clima harmonioso dentro da sala de aula é indispensável um relacionamento positivo entre professores e alunos, uma forma de instaurar a "vivência democrática" tal qual deve ser a vida em sociedade.

Pressupostos de aprendizagem — A motivação depende da força de estimulação do problema e das disposições internas e interesses do aluno. Assim, aprender se torna uma atividade de descoberta, é uma autoaprendizagem, sendo o ambiente apenas o meio estimulador. É retido o que se incorpora à atividade do aluno pela descoberta pessoal; o que é incorporado passa a compor a estrutura cognitiva para ser empregado em novas situações. A avaliação é fluida e tenta ser eficaz à medida que os esforços e os êxitos são pronta e explicitamente reconhecidos pelo professor.

Manifestações na prática escolar — Os princípios da pedagogia progressivista vêm sendo difundidos, em larga escala, nos cursos de licenciatura, e muitos professores sofrem sua influência. Entretanto, sua aplicação é reduzidíssima, não somente por falta de condições objetivas como também porque se choca com uma prática pedagógica basicamente tradicional. Alguns métodos são adotados em escolas particulares, como o método Montessori, o método dos centros de interesse de Decroly, o método de projetos de Dewey. O ensino baseado na psicologia genética de Piaget tem larga aceitação na educação pré-escolar. Pertencem, também, à tendência progressivista muitas das escolas denominadas "experimentais", as "escolas comunitárias" e mais remotamente (década de 1960) a "escola secundária moderna", na versão difundida por Lauro de Oliveira Lima.

1.3 Tendência liberal renovada não diretiva

Papel da escola — Acentua-se nesta tendência o papel da escola na formação de atitudes, razão pela qual deve estar mais preocupada com os problemas psicológicos do que com os pedagógicos ou sociais. Todo esforço está em estabelecer um clima favorável a uma mudança dentro do indivíduo, isto é, a uma adequação pessoal às solicitações do ambiente. Rogers[3] considera que o ensino é uma atividade excessivamente valorizada;

---

3. Cf. Rogers, Carl. *Liberdade para aprender.*

para ele os procedimentos didáticos, a competência na matéria, as aulas, livros, tudo tem muito pouca importância, diante do propósito de favorecer à pessoa um clima de autodesenvolvimento e realização pessoal, o que implica estar bem consigo próprio e com seus semelhantes. O resultado de uma boa educação é muito semelhante ao de uma boa terapia.

Conteúdos de ensino — A ênfase que esta tendência põe nos processos de desenvolvimento das relações e da comunicação torna secundária a transmissão de conteúdos. Os processos de ensino visam mais facilitar aos estudantes os meios para buscarem por si mesmos os conhecimentos que, no entanto, são dispensáveis.

Métodos de ensino — Os métodos usuais são dispensados, prevalecendo quase que exclusivamente o esforço do professor em desenvolver um estilo próprio para facilitar a aprendizagem dos alunos. Rogers explicita algumas das características do professor "facilitador": aceitação da pessoa do aluno, capacidade de ser confiável, receptivo e ter plena convicção na capacidade de autodesenvolvimento do estudante. Sua função restringe-se a ajudar o aluno a se organizar, utilizando técnicas de sensibilização onde os sentimentos de cada um possam ser expostos, sem ameaças. Assim, o objetivo do trabalho escolar se esgota nos processos de melhor relacionamento interpessoal, como condição para o crescimento pessoal.

Relacionamento professor-aluno — A pedagogia não diretiva propõe uma educação centrada no aluno, visando formar sua personalidade através da vivência de experiências significativas que lhe permitam desenvolver características inerentes à sua natureza. O professor é um especialista em relações humanas, ao garantir o clima de relacionamento pessoal e autêntico. "Ausentar-se" é a melhor forma de respeito e aceitação plena do aluno. Toda intervenção é ameaçadora, inibidora da aprendizagem.

Pressupostos de aprendizagem — A motivação resulta do desejo de adequação pessoal na busca da autorrealização; é portanto um ato interno. A motivação aumenta, quando o sujeito desenvolve o sentimento de que é capaz de agir em termos de atingir suas metas pessoais, isto é, desenvolve a valorização do "eu". Aprender, portanto, é modificar suas próprias percepções; daí que apenas se aprende o que estiver significativamente relacionado com essas percepções. Resulta que a retenção se dá pela relevância do aprendido em relação ao "eu", ou seja, o que não está envolvido com o "eu" não é retido e nem transferido. Portanto, a avaliação escolar perde inteiramente o sentido, privilegiando-se a autoavaliação.

Manifestações na prática escolar — Entre nós, o inspirador da pedagogia não diretiva é Carl Rogers, na verdade mais psicólogo clínico que educador. Suas ideias influenciam um número expressivo de educadores e professores, principalmente orientadores educacionais e psicólogos escolares que se dedicam ao aconselhamento. Menos recentemente, podem-se citar também tendências inspiradas na escola de Summerhill do educador inglês A. Neill.

1.4 Tendência liberal tecnicista

Papel da escola — Em um sistema social harmônico, orgânico e funcional, a escola funciona como modeladora do comportamento humano, através de técnicas específicas. À educação escolar compete organizar o processo de aquisição de habilidades, atitudes e conhecimentos específicos, úteis e necessários para que os indivíduos se integrem na máquina do sistema social global. Tal sistema social é regido por leis naturais (há na sociedade a mesma regularidade e as mesmas relações funcionais observáveis entre os fenômenos da natureza), cientificamente descobertas. Basta aplicá-las. A atividade da "descoberta" é função da educação, mas deve ser restrita aos especialistas; a "aplicação" é competência do processo educacional comum. A escola atua, assim, no aperfeiçoamento da ordem social vigente (o sistema capitalista), articulando-se diretamente com o sistema produtivo; para tanto, emprega a ciência da mudança de comportamento, ou seja, a tecnologia comportamental. Seu interesse imediato é o de produzir indivíduos "competentes" para o mercado de trabalho, transmitindo, eficientemente, informações precisas, objetivas e rápidas. A pesquisa científica, a tecnologia educacional, a análise experimental do comportamento garantem a objetividade da prática escolar, uma vez que os objetivos instrucionais (conteúdos) resultam da aplicação de leis naturais que independem dos que a conhecem ou executam.

Conteúdos de ensino — São as informações, princípios científicos, leis etc., estabelecidos e ordenados em uma sequência lógica e psicológica por especialistas. É matéria de ensino apenas o que é redutível ao conhecimento observável e mensurável; os conteúdos decorrem, assim, da ciência objetiva, eliminando-se qualquer sinal de subjetividade. O material instrucional encontra-se sistematizado nos manuais, nos livros didáticos, nos módulos de ensino, nos dispositivos audiovisuais etc.

Métodos de ensino — Consistem nos procedimentos e técnicas necessárias ao arranjo e controle nas condições ambientais que assegurem a transmissão/recepção de informações. Se a primeira tarefa do professor é modelar respostas apropriadas aos objetivos instrucionais, a principal é conseguir o comportamento adequado pelo controle do ensino; daí a importância da tecnologia educacional. A tecnologia educacional é a "aplicação sistemática de princípios científicos comportamentais e tecnológicos a problemas educacionais, em função de resultados efetivos, utilizando uma metodologia e abordagem sistêmica abrangente".[4] Qualquer sistema instrucional (há uma grande variedade deles) possui três componentes básicos: objetivos instrucionais operacionalizados em comportamentos observáveis e mensuráveis, procedimentos instrucionais e avaliação. As etapas básicas de um processo ensino-aprendizagem são: a) estabelecimento de comportamentos terminais, por meio de objetivos instrucionais; b) análise da tarefa de aprendizagem, a fim de ordenar sequencialmente os passos da instrução; c) executar o programa, reforçando gradualmente as respostas corretas correspondentes aos objetivos. O essencial da tecnologia educacional é a programação por passos sequenciais empregada na instrução programada, nas técnicas de microensino, multimeios, módulos etc. O emprego da tecnologia instrucional na escola pública aparece nas formas de: planejamento em moldes sistêmicos, concepção de aprendizagem como mudança de comportamento, operacionalização de objetivos, uso de procedimentos científicos (instru-

---

4. Auricchio, Lígia O. *Manual de tecnologia educacional*, p. 25.

ção programada, audiovisuais, avaliação etc., inclusive a programação de livros didáticos).[5]

Relacionamento professor-aluno — São relações estruturadas e objetivas, com papéis bem definidos: o professor administra as condições de transmissão da matéria, conforme um sistema instrucional eficiente e efetivo em termos de resultados da aprendizagem; o aluno recebe, aprende e fixa as informações. O professor é apenas um elo de ligação entre a verdade científica e o aluno, cabendo-lhe empregar o sistema instrucional previsto. O aluno é um indivíduo responsivo, não participa da elaboração do programa educacional. Ambos são espectadores diante da verdade objetiva. A comunicação professor-aluno tem um sentido exclusivamente técnico, que é o de garantir a eficácia da transmissão do conhecimento. Debates, discussões, questionamentos são desnecessários, assim como pouco importam as relações afetivas e pessoais dos sujeitos envolvidos no processo ensino-aprendizagem.

Pressupostos de aprendizagem — As teorias de aprendizagem que fundamentam a pedagogia tecnicista dizem que aprender é uma questão de modificação do desempenho: o bom ensino depende de organizar eficientemente as condições estimuladoras, de modo a que o aluno saia da situação de aprendizagem diferente de como entrou. Ou seja, o ensino é um processo de condicionamento através do uso de reforçamento das respostas que se quer obter. Assim, os sistemas instrucionais visam ao controle do comportamento individual diante de objetivos preestabelecidos. Trata-se de um enfoque diretivo do ensino, centrado no controle das condições que cercam o organismo que se comporta. O objetivo da ciência pedagógica, a partir da psicologia, é o estudo científico do comportamento: descobrir as leis naturais que presidem as reações físicas do organismo que aprende, a fim de aumentar o controle das variáveis que o afetam. Os componentes da aprendizagem — motivação, retenção, transferência — decorrem da aplicação do comportamento operante Segundo Skinner, o comportamento aprendido é uma resposta a estímulos externos, controlados por meio de reforços que ocorrem com a resposta

---

5. Cf. Kuenzer, Acácia A. e Machado, Lucília R. S., op. cit., p. 47.

ou após a mesma: "Se a ocorrência de um (comportamento) operante é seguida pela apresentação de um estímulo (reforçador), a probabilidade de reforçamento é aumentada". Entre os autores que contribuem para os estudos de aprendizagem destacam-se: Skinner, Gagné, Bloon e Mager.[6]

Manifestações na prática escolar — A influência da pedagogia tecnicista remonta à segunda metade dos anos 1950 (PABAEE — Programa Brasileiro-Americano de Auxílio ao Ensino Elementar). Entretanto foi introduzida mais efetivamente no final dos anos 1960 com o objetivo de adequar o sistema educacional à orientação político-econômica do regime militar: inserir a escola nos modelos de racionalização do sistema de produção capitalista. É quando a orientação escolanovista cede lugar à tendência tecnicista, pelo menos no nível de política oficial; os marcos de implantação do modelo tecnicista são as Leis ns. 5.540/68 e 5.692/71, que reorganizam o ensino superior e o ensino de 1º e 2º graus. A despeito da máquina oficial, entretanto, não há indícios seguros de que os professores da escola pública tenham assimilado a pedagogia tecnicista, pelo menos em termos de ideário. A aplicação da metodologia tecnicista (planejamento, livros didáticos programados, procedimentos de avaliação etc.) não configura uma postura tecnicista do professor; antes, o exercício profissional continua mais para uma postura eclética em torno de princípios pedagógicos assentados nas pedagogias tradicional e renovada.[7]

2. Pedagogia progressista

O termo "progressista", emprestado de Snyders,[8] é usado aqui para designar as tendências que, partindo de uma análise crítica das realidades sociais, sustentam implicitamente as finalidades sociopolíticas da educação.

---

6. Para mais esclarecimentos, cf. Auricchio, Lígia de O. *Manual de tecnologia educacional;* Oliveira, J. G. A. *Tecnologia educacional: teorias da instrução.*

7. Sobre a introdução da pedagogia tecnicista no Brasil, cf. Freitag, Barbara. *Escola, Estado e sociedade;* Garcia, Laymert G. S. *Desregulagens — Educação, planejamento e tecnologia como ferramenta social;* Cunha, Luis A. *Educação e desenvolvimento social no Brasil,* entre outros.

8. Cf. Snyders, Georges. *Pedagogia progressista.* Lisboa, Almedina.

Evidentemente a pedagogia progressista não tem como institucionalizar-se em uma sociedade capitalista; daí ser ela um instrumento de luta dos professores ao lado de outras práticas sociais.

A pedagogia progressista tem se manifestado em três tendências: a *libertadora*, mais conhecida como pedagogia de Paulo Freire; a *libertária*, que reúne os defensores da autogestão pedagógica; a *crítico-social dos conteúdos* que, diferentemente das anteriores, acentua a primazia dos conteúdos no seu confronto com as realidades sociais.

As versões libertadora e libertária têm em comum o antiautoritarismo, a valorização da experiência vivida como base da relação educativa e a ideia de autogestão pedagógica. Em função disso, dão mais valor ao processo de aprendizagem grupal (participação em discussões, assembleias, votações) do que aos conteúdos de ensino. Como decorrência, a prática educativa somente faz sentido numa prática social junto ao povo, razão pela qual preferem as modalidades de educação popular "não formal".

A tendência da pedagogia crítico-social dos conteúdos propõe uma síntese superadora das pedagogias tradicional e renovada, valorizando a ação pedagógica enquanto inserida na prática social concreta. Entende a escola como mediação entre o individual e o social, exercendo aí a articulação entre a transmissão dos conteúdos e a assimilação ativa por parte de um aluno concreto (inserido em um contexto de relações sociais); dessa articulação resulta o saber criticamente reelaborado.

2.1 Tendência progressista libertadora

Papel da escola — Não é próprio da pedagogia libertadora falar em ensino escolar, já que sua marca é a atuação "não formal". Entretanto, professores e educadores engajados no ensino escolar vêm adotando pressupostos dessa pedagogia. Assim, quando se fala na educação em geral, diz-se que ela é uma atividade na qual professores e alunos, mediatizados pela realidade que apreendem e da qual extraem o conteúdo de aprendizagem, atingem um nível de consciência dessa mesma realidade, a fim de nela atuarem, num sentido de transformação social. Tanto a educação tradicional, denominada "bancária" — que visa apenas depositar informações sobre o aluno —, quanto a educação renovada — que pretenderia uma libertação psicológica individual — são domesticadoras, pois em nada contribuem para desvelar a realidade social de opressão. A educação libertadora, ao contrário, questiona concretamente a realidade das relações do homem com a natureza e com os outros homens, visando a uma transformação — daí ser uma educação crítica.[9]

Conteúdos de ensino — Denominados "temas geradores", são extraídos da problematização da prática de vida dos educandos. Os conteúdos tradicionais são recusados porque cada pessoa, cada grupo envolvido na ação pedagógica dispõe em si próprio, ainda que de forma rudimentar, dos conteúdos necessários dos quais se parte. O importante não é a transmissão de conteúdos específicos, mas despertar uma nova forma da relação com a experiência vivida. A transmissão de conteúdos estruturados a partir de fora é considerada como "invasão cultural" ou "depósito de informação", porque não emerge do saber popular. Se forem necessários textos de leitura, estes deverão ser redigidos pelos próprios educandos com a orientação do educador.

Em nenhum momento o inspirador e mentor da pedagogia libertadora, Paulo Freire, deixa de mencionar o caráter essencialmente político de sua pedagogia, o que, segundo suas próprias palavras, impede que ela seja posta em prática em termos sistemáticos, nas instituições oficiais, antes da transformação da sociedade. Daí porque sua atuação se dê mais no nível da educação extraescolar. O que não tem impedido, por outro lado, que seus pressupostos sejam adotados e aplicados por numerosos professores.

Métodos de ensino — "Para ser um ato de conhecimento o processo de alfabetização de adultos demanda, entre educadores e educandos, uma relação de autêntico diálogo; aquela em que os sujeitos do ato de conhecer se encontram mediatizados pelo objeto a ser conhecido" [...] "O diá-

---

9. Cf. Freire, Paulo. *Ação cultural como prática de liberdade; Pedagogia do oprimido* e *Extensão ou comunicação?*

logo engaja ativamente a ambos os sujeitos do ato de conhecer: educador-educando e educando-educador".

Assim sendo, a forma de trabalho educativo é o "grupo de discussão", a quem cabe autogerir a aprendizagem, definindo o conteúdo e a dinâmica das atividades. O professor é um animador que, por princípio, deve "descer" ao nível dos alunos, adaptando-se às suas características e ao desenvolvimento próprio de cada grupo. Deve caminhar "junto", intervir o mínimo indispensável, embora não se furte, quando necessário, a fornecer uma informação mais sistematizada.

Os passos da aprendizagem — Codificação-decodificáçáo, e problematização da situação — permitirão aos educandos um esforço de compreensão do "vivido", até chegar a um nível mais crítico de conhecimento da sua realidade, sempre por meio da troca de experiência em torno da prática social. Se nisso consiste o conteúdo do trabalho educativo, dispensam-se um programa previamente estruturado, trabalhos escritos, aulas expositivas, assim como qualquer tipo de verificação direta da aprendizagem, formas essas próprias da "educação bancária", portanto, domesticadoras. Entretanto admite-se a avaliação da prática vivenciada entre educador-educandos no processo de grupo e, às vezes, a autoavaliação feita em termos dos compromissos assumidos com a prática social.

Relacionamento professor-aluno — No diálogo, como método básico, a relação é horizontal, em que educador e educandos se posicionam como sujeitos do ato de conhecimento. O critério de bom relacionamento é a total identificação com o povo, sem o que a relação pedagógica perde consistência. Elimina-se, por pressuposto, toda relação de autoridade, sob pena de esta inviabilizar o trabalho de conscientização, de "aproximação de consciências". Trata-se de uma "não diretividade", mas não no sentido do professor que se ausenta (como em Rogers), mas que permanece vigilante para assegurar ao grupo um espaço humano para "dizer sua palavra", para se exprimir sem se neutralizar.

Pressupostos de aprendizagem — A própria designação de "educação problematizadora" como correlata de educação libertadora revela a força motivadora da aprendizagem. A motivação se dá a partir da codificação de uma situação-problema, da qual se toma distância para analisá-la criticamente. "Esta análise envolve o exercício da abstração, através da qual procuramos alcançar, por meio de representações da realidade concreta, a razão de ser dos fatos."

Aprender é um ato de conhecimento da realidade concreta, isto é, da situação real vivida pelo educando, e só tem sentido se resulta de uma aproximação crítica dessa realidade. O que é aprendido não decorre de uma imposição ou memorização, mas do nível crítico de conhecimento, ao qual se chega pelo processo de compreensão, reflexão e crítica. O que o educando transfere, em termos de conhecimento, é o que foi incorporado como resposta às situações de opressão — ou seja, seu engajamento na militância política.

Manifestações na prática escolar — A pedagogia libertadora tem como inspirador e divulgador Paulo Freire, que tem aplicado suas ideias pessoalmente em diversos países, primeiro no Chile, depois na África. Entre nós, tem exercido uma influência expressiva nos movimentos populares e sindicatos e, praticamente, se confunde com a maior parte das experiências do que se denomina "educação popular". Há diversos grupos desta natureza que vêm atuando não somente no nível da prática popular, mas também por meio de publicações, com relativa independência em relação às ideias originais da pedagogia libertadora. Embora as formulações teóricas de Paulo Freire se restrinjam à educação de adultos ou à educação popular em geral, muitos professores vêm tentando colocá-las em prática em todos os graus de ensino formal.

2.2 Tendência progressista libertária

Papel da escola — A pedagogia libertária espera que a escola exerça uma transformação na personalidade dos alunos num sentido libertário e autogestionário. A ideia básica é introduzir modificações institucionais, a partir dos níveis subalternos que, em seguida, vão "contaminando" todo o sistema. A escola instituirá, com base na participação grupal, mecanismos institucionais de mudança (assembleias, conselhos, eleições, reuniões, associações etc.), de tal forma que o aluno, uma vez atuando nas instituições "externas", leve para lá tudo o que aprendeu. Outra forma de atuação da pedagogia libertária, correlata à primeira, é — aproveitando a margem de liberdade do sistema — criar grupos de pessoas com princípios educativos autogestionários (associações, grupos informais, escolas autogestionárias). Há, portanto, um sentido expressamente político, à medida que se afirma o indivíduo como produto do social e que o desenvolvimento individual somente se realiza no coletivo. A autogestão é, assim, o conteúdo e o método; resume tanto o objetivo pedagógico quanto o político. A pedagogia libertária, na sua modalidade mais conhecida entre nós, a "pedagogia institucional", pretende ser uma forma de resistência contra a burocracia como instrumento da ação dominadora do Estado, que tudo controla (professores, programas, provas etc.), retirando a autonomia.[10]

Conteúdos de ensino — As matérias são colocadas à disposição do aluno, mas não são exigidas. São um instrumento a mais, porque importante é o conhecimento que resulta das experiências vividas pelo grupo, especialmente a vivência de mecanismos de participação crítica. "Conhecimento" aqui não é a investigação cognitiva do real, para extrair dele um sistema de representações mentais, mas a descoberta de respostas às necessidades e às exigências da vida social. Assim, os conteúdos propriamente ditos são os que resultam de necessidades e interesses manifestos pelo grupo e que não são, necessária nem indispensavelmente, as matérias de estudo.

Método de ensino — É na vivência grupal, na forma de autogestão, que os alunos buscarão encontrar as bases mais satisfatórias de sua própria "instituição", graças à sua própria iniciativa e sem qualquer forma de poder. Trata-se de "colocar nas mãos dos alunos tudo o que for possível: o conjunto da vida, as atividades e a organização do trabalho no interior da escola (menos a elaboração dos programas e a decisão dos exames que não dependem nem dos docentes, nem dos alunos)". Os alunos têm liberdade de trabalhar ou não, ficando o interesse pedagógico na dependência de suas necessidades ou das necessidades do grupo.

---

10. Cf. Lobrot, Michel. *Pedagogia institucional, la escuela hacia la autogestión.*

FILOSOFIA DA EDUCAÇÃO

O progresso da autonomia, excluída qualquer direção de fora do grupo, se dá num "crescendo": primeiramente a oportunidade de contatos, aberturas, relações informais entre os alunos. Em seguida, o grupo começa a se organizar, de modo que todos possam participar de discussões, cooperativas, assembleias, isto é, diversas formas de participação e expressão pela palavra; quem quiser fazer outra coisa, ou entra em acordo com o grupo, ou se retira. No terceiro momento, o grupo se organiza de forma mais efetiva e, finalmente, no quarto momento, parte para a execução do trabalho.

Relação professor-aluno — A pedagogia institucional visa "em primeiro lugar, transformar a relação professor-aluno no sentido da não diretividade, isto é, considerar desde o início a ineficácia e a nocividade de todos os métodos à base de obrigações e ameaças". Embora professor e aluno sejam desiguais e diferentes, nada impede que o professor se ponha a serviço do aluno, sem impor suas concepções e ideias, sem transformar o aluno em "objeto". O professor é um orientador e um catalisador, ele se mistura ao grupo para uma reflexão em comum.

Se os alunos são livres frente ao professor, também este o é em relação aos alunos (ele pode, por exemplo, recusar-se a responder uma pergunta, permanecendo em silêncio). Entretanto, essa liberdade de decisão tem um sentido bastante claro: se um aluno resolve não participar, o faz porque não se sente integrado, mas o grupo tem responsabilidade sobre este fato e vai se colocar a questão; quando o professor se cala diante de uma pergunta, seu silêncio tem um significado educativo que pode, por exemplo, ser uma ajuda para que o grupo assuma a resposta ou a situação criada. No mais, ao professor cabe a função de "conselheiro" e, outras vezes, de instrutor-monitor à disposição do grupo. Em nenhum momento esses papéis do professor se confundem com o de "modelo", pois a pedagogia libertária recusa qualquer forma de poder ou autoridade.

Pressupostos de aprendizagem — As formas burocráticas das instituições existentes, por seu traço de impessoalidade, comprometem o crescimento pessoal. A ênfase na aprendizagem informal, via grupo, e a negação de toda forma de repressão visam favorecer o desenvolvimento de pessoas mais livres. A motivação está, portanto, no interesse em crescer dentro da vivência grupal, pois supõe-se que o grupo devolva a cada um de seus membros a satisfação de suas aspirações e necessidades.

Somente o vivido, o experimentado é incorporado e utilizável em situações novas. Assim, o critério de relevância do saber sistematizado é seu possível uso prático. Por isso mesmo, não faz sentido qualquer tentativa de avaliação da aprendizagem, ao menos em termos de conteúdo.

Outras tendências pedagógicas correlatas — A pedagogia libertária abrange quase todas as tendências antiautoritárias em educação, entre elas, a anarquista, a psicanalista, a dos sociólogos, e também a dos professores progressistas. Embora Neill e Rogers não possam ser considerados progressistas (conforme entendemos aqui), não deixam de influenciar alguns libertários, como Lobrot. Entre os estrangeiros devemos citar Vasquez e Oury entre os mais recentes, Ferrer y Guardia entre os mais antigos. Particularmente significativo é o trabalho de C. Freinet, que tem sido muito estudado entre nós, existindo inclusive algumas escolas aplicando seu método.[11]

Entre os estudiosos e divulgadores da tendência libertária pode-se citar Maurício Tragtenberg, apesar da tônica de seus trabalhos não ser propriamente pedagógica, mas de crítica das instituições em favor de um projeto autogestionário.

2.3 Tendência progressista "crítico-social dos conteúdos"

Papel da escola — A difusão de conteúdos é a tarefa primordial. Não conteúdos abstratos, mas vivos, concretos e, portanto, indissociáveis das realidades sociais. A valorização da escola como instrumento de apropriação do saber é o melhor serviço que se presta aos interesses populares, já que a própria escola pode contribuir para eliminar a seletividade social e torná-la democrática. Se a escola é parte integrante do todo social, agir dentro dela é também agir no rumo da transformação da sociedade. Se o

---

11. Cf., a esse respeito, Snyders, G. *Para onde vão as pedagogias não diretivas?*

que define uma pedagogia crítica é a consciência de seus condicionantes histórico-sociais, a função da pedagogia "dos conteúdos" é dar um passo à frente no papel transformador da escola, mas a partir das condições existentes. Assim, a condição para que a escola sirva aos interesses populares é garantir a todos um bom ensino, isto é, a apropriação dos conteúdos escolares básicos que tenham ressonância na vida dos alunos. Entendida nesse sentido, a educação é "uma atividade mediadora no seio da prática social global", ou seja, uma das mediações pela qual o aluno, pela intervenção do professor e por sua própria participação ativa, passa de uma experiência inicialmente confusa e fragmentada (sincrética) a uma visão sintética, mais organizada e unificada.[12]

Em síntese, a atuação da escola consiste na preparação do aluno para o mundo adulto e suas contradições, fornecendo-lhe um instrumental, por meio da aquisição de conteúdos e da socialização, para uma participação organizada e ativa na democratização da sociedade.

Conteúdos de ensino — São os conteúdos culturais universais que se constituíram em domínios de conhecimento relativamente autônomos, incorporados pela humanidade, mas permanentemente reavaliados ante as realidades sociais. Embora se aceite que os conteúdos são realidades exteriores ao aluno, que devem ser assimilados e não simplesmente reinventados, eles não são fechados e refratários às realidades sociais. Não basta que os conteúdos sejam apenas ensinados, ainda que bem ensinados; é preciso que se liguem, de forma indissociável, à sua significação humana e social.

Essa maneira de conceber os conteúdos do saber não estabelece oposição entre cultura erudita e cultura popular, ou espontânea, mas uma relação de continuidade em que, progressivamente, se passa da experiência imediata e desorganizada ao conhecimento sistematizado. Não que a primeira apreensão da realidade seja errada, mas é necessária a ascensão a uma forma de elaboração superior, conseguida pelo próprio aluno, com a intervenção do professor.

---

12. Cf. Saviani, Dermeval. *Educação: do senso comum à consciência filosófica*, p. 120; Mello, Guiomar N. de. *Magistério do 1º grau...*, p. 24; Cury, Carlos R. J. *Educação e contradição: elementos...*, p. 75.

A postura da pedagogia "dos conteúdos" — Ao admitir um conhecimento relativamente autônomo — assume o saber como tendo um conteúdo relativamente objetivo, mas, ao mesmo tempo, introduz a possibilidade de uma reavaliação crítica frente a esse conteúdo. Como sintetiza Snyders, ao mencionar o papel do professor, trata-se, de um lado, de obter o acesso do aluno aos conteúdos, ligando-os com a experiência concreta dele — *a continuidade*; mas, de outro, de proporcionar elementos de análise crítica que ajudem o aluno a ultrapassar a experiência, os estereótipos, as pressões difusas da ideologia dominante — é *a ruptura*.

Dessas considerações resulta claro que se pode ir do saber ao engajamento político, mas não o inverso, sob o risco de se afetar a própria especificidade do saber e até cair-se em uma forma de pedagogia ideológica, que é o que se critica na pedagogia tradicional e na pedagogia nova.

Métodos de ensino — A questão dos métodos se subordina à dos conteúdos: se o objetivo é privilegiar a aquisição do saber, e de um saber vinculado às realidades sociais, é preciso que os métodos favoreçam a correspondência dos conteúdos com os interesses dos alunos, e que estes possam reconhecer nos conteúdos o auxílio ao seu esforço de compreensão da realidade (prática social). Assim, nem se trata dos métodos dogmáticos de transmissão do saber da pedagogia tradicional, nem da sua substituição pela descoberta, investigação ou livre expressão das opiniões, como se o saber pudesse ser inventado pela criança, na concepção da pedagogia renovada.

Os métodos de uma pedagogia crítico-social dos conteúdos não partem, então, de um saber artificial, depositado a partir de fora, nem do saber espontâneo, mas de uma relação direta com a experiência do aluno, confrontada com o saber trazido de fora. O trabalho docente relaciona a prática vivida pelos alunos com os conteúdos propostos pelo professor, momento em que se dará a "ruptura" em relação à experiência pouco elaborada. Tal ruptura apenas é possível com a introdução explícita, pelo professor, dos elementos novos de análise a serem aplicados criticamente à prática do aluno. Em outras palavras, uma aula começa pela constatação da prática real, havendo, em seguida, a consciência dessa prática no sentido de referi-la aos termos do conteúdo proposto, na forma de um confronto entre a experiência e a explicação do professor. Vale dizer: vai-se da ação à compreensão e da compreensão à ação, até a síntese, o que não é outra coisa senão a unidade entre a teoria e a prática.

Relação professor-aluno — Se, como mostramos anteriormente, o conhecimento resulta de trocas que se estabelecem na interação entre o meio (natural, social, cultural) e o sujeito, sendo o professor o mediador, então a relação pedagógica consiste no provimento das condições em que professores e alunos possam colaborar para fazer progredir essas trocas. O papel do adulto é insubstituível, mas acentua-se também a participação do aluno no processo. Ou seja, o aluno, com sua experiência imediata num contexto cultural, participa na busca da verdade, ao confrontá-la com os conteúdos e modelos expressos pelo professor. Mas esse esforço do professor em orientar, em abrir perspectivas a partir dos conteúdos, implica um envolvimento com o estilo de vida dos alunos, tendo consciência inclusive dos contrastes entre sua própria cultura e a do aluno. Não se contentará, entretanto, em satisfazer apenas as necessidades e carências; buscará despertar outras necessidades, acelerar e disciplinar os métodos de estudo, exigir o esforço do aluno, propor conteúdos e modelos compatíveis com suas experiências vividas, para que o aluno se mobilize para uma participação ativa.

Evidentemente o papel de mediação exercido em torno da análise dos conteúdos exclui a não diretividade como forma de orientação do trabalho escolar, porque o diálogo adulto-aluno é desigual. O adulto tem mais experiência acerca das realidades sociais, dispõe de uma formação (ao menos deve dispor) para ensinar, possui conhecimentos e a ele cabe fazer a análise dos conteúdos em confronto com as realidades sociais. A não diretividade abandona os alunos a seus próprios desejos, como se eles tivessem uma tendência espontânea a alcançar os objetivos esperados da educação. Sabemos que as tendências espontâneas e naturais não são "naturais", antes são tributárias das condições de vida e do meio. Não são suficientes o amor, a aceitação, para que os filhos dos trabalhadores adquiram o desejo de estudar mais, de progredir: é necessária a intervenção do professor para levar o aluno a acreditar nas suas possibilidades, a ir mais longe, a prolongar a experiência vivida.

Pressupostos de aprendizagem — Por um esforço próprio, o aluno se reconhece nos conteúdos e modelos sociais apresentados pelo professor; assim, pode ampliar sua própria experiência. O conhecimento novo se apoia em uma estrutura cognitiva já existente, ou o professor provê a estrutura de que o aluno ainda não dispõe. O grau de envolvimento na aprendizagem depende tanto da prontidão e disposição do aluno, quanto do professor e do contexto da sala de aula.

Aprender, dentro da visão da pedagogia dos conteúdos, é desenvolver a capacidade de processar informações e lidar com os estímulos do ambiente, organizando os dados disponíveis da experiência. Em consequência, admite-se o princípio da aprendizagem significativa que supõe, como passo inicial, verificar aquilo que o aluno já sabe. O professor precisa saber (compreender) o que os alunos dizem ou fazem, o aluno precisa compreender o que o professor procura dizer-lhes. A transferência da aprendizagem se dá a partir do momento da síntese, isto é, quando o aluno supera sua visão parcial e confusa e adquire uma visão mais clara e unificadora.

Resulta com clareza que o trabalho escolar precisa ser avaliado, não como julgamento definitivo e dogmático do professor, mas como uma comprovação para o aluno de seu progresso em direção a noções mais sistematizadas.

Manifestações na prática escolar — O esforço de elaboração de uma pedagogia "dos conteúdos" está em propor modelos de ensino voltados para a interação conteúdos-realidades sociais; portanto, visando avançar em termos de uma articulação do político e do pedagógico, aquele como extensão deste, ou seja, a educação "a serviço da transformação das relações de produção". Ainda que a curto prazo se espere do professor maior conhecimento dos conteúdos de sua matéria e o domínio de formas de transmissão, a fim de garantir maior competência técnica, sua contribuição "será tanto mais eficaz quanto mais seja capaz de compreender os vínculos de sua prática com a prática social global", tendo em vista [...] "a democratização da sociedade brasileira, o atendimento aos interesses das camadas populares, a transformação estrutural da sociedade brasileira".[13]

Dentro das linhas gerais expostas aqui, podemos citar a experiência pioneira, mas mais remota, do educador e escritor russo Makarenko. Entre os autores atuais citamos B. Charlot, Suchodolski, Manacorda e, de maneira especial, G. Snyders, além dos autores brasileiros que vêm desenvolvendo investigações relevantes, destacando-se Dermeval Saviani. Representam também as propostas aqui apresentadas os inúmeros professores da rede escolar pública que se ocupam, competentemente, de uma pedagogia de conteúdos articulada com a adoção de métodos que garantam a participação do aluno que, muitas vezes sem saber, avançam na democratização efetiva do ensino para as camadas populares.

2.4 Em favor da pedagogia crítico-social dos conteúdos

Haverá sempre objeções de que estas considerações levam a posturas antidemocráticas, ao autoritarismo, à centralização no papel do professor e à submissão do aluno.

Mas o que será mais democrático: excluir toda forma de direção, deixar tudo à livre expressão, criar um clima amigável para alimentar boas relações, ou garantir aos alunos a aquisição de conteúdos, a análise de modelos sociais que vão lhes fornecer instrumentos para lutar por seus direitos? Não serão as relações democráticas no estilo não diretivo uma forma sutil de adestramento, que levaria a reivindicações sem conteúdo? Representam as relações não diretivas as reais condições do mundo social adulto? Seriam capazes de promover a efetiva libertação do homem da sua condição de dominado?

Um ponto de vista realista da relação pedagógica não recusa a autoridade pedagógica expressa na sua função de ensinar. Mas não deve confundir autoridade com autoritarismo. Este se manifesta no receio do professor em ver sua autoridade ameaçada; na falta de consideração para

---

13. Saviani, Dermeval, *Escola e democracia*, p. 83.

com o aluno ou na imposição do medo como forma de tornar mais cômodo e menos estafante o ato de ensinar.

Além do mais, são incongruentes as dicotomias, tão difundidas por muitos educadores, entre "professor-policial" e "professor-povo", entre métodos diretivos e não diretivos, entre ensino centrado no professor e ensino centrado no estudante. Ao adotar tais dicotomias, amortece-se a presença do professor como mediador pelos conteúdos que explicita, como se eles fossem sempre imposições dogmáticas e que nada trouxessem de novo.

Evidentemente que, ao se advogar a intervenção do professor, não se está concluindo pela negação da relação professor-aluno. A relação pedagógica é uma relação com um grupo e o clima do grupo é essencial na pedagogia. Nesse sentido, são bem-vindas as considerações formuladas pela "dinâmica de grupo", que ensinam o professor a relacionar-se com a classe; a perceber os conflitos; a saber que está lidando com uma coletividade e não com indivíduos isolados, a adquirir a confiança dos alunos. Entretanto, mais do que restringir-se ao malfadado "trabalho em grupo", ou cair na ilusão da igualdade professor-aluno, trata-se de encarar o grupo-classe como uma coletividade na qual são trabalhados modelos de interação como a ajuda mútua, o respeito aos outros, os esforços coletivos, a autonomia nas decisões, a riqueza da vida em comum, e ir ampliando progressivamente essa noção (de coletividade) para a escola, a cidade a sociedade toda.

Por fim, situar o ensino centrado no professor e o ensino centrado no aluno em extremos opostos é quase negar a relação pedagógica porque não há um aluno, ou grupo de alunos, aprendendo sozinho, nem um professor ensinando para as paredes. Há um confronto do aluno entre sua cultura e a herança cultural da humanidade, entre seu modo de viver e os modelos sociais desejáveis para um projeto novo de sociedade. E há um professor que intervém, não para se opor aos desejos e necessidades ou à liberdade e autonomia do aluno, mas para ajudá-lo a ultrapassar suas necessidades e criar outras, para ganhar autonomia, para ajudá-lo no seu esforço de distinguir a verdade do erro, para ajudá-lo a compreender as realidades sociais e sua própria experiência.

3. Procedimentos de estudo e ensino

1. Questões para estudo e compreensão do texto

a) Como se caracteriza a tendência liberal da pedagogia?

b) Como se caracteriza cada uma das pedagogias classificadas como liberais?

c) Como se define a tendência pedagógica denominada progressista?

d) Como se caracteriza cada uma das pedagogias denominadas progressistas?

e) Com os critérios estabelecidos que definem tendências pedagógicas e pedagogias, analise sua experiência pessoal de escolaridade, verificando que pedagogia caracterizou ou direcionou sua vida escolar, fazendo uma análise crítica dessa situação.

2. Sugestões de temas para dissertação ou discussão em grupo

a) Uma análise crítica da sua experiência de escolaridade, do ponto de vista da orientação pedagógica.

b) Uma opção pedagógica para a sua prática docente.

c) A direção pedagógica principal presente na prática escolar brasileira.

3. Sugestões bibliográficas para estudos complementares

GADOTTI, Moacir. *Pensamento pedagógico brasileiro*. São Paulo: Ática, 1987.

SAVIANI, Dermeval. *Escola e democracia*. 17. ed. São Paulo: Cortez/Autores Associados, 1988; ver os capítulos Escola e democracia I e Escola e democracia II.

Capítulo 4

A escola que queremos: instância onde a Pedagogia se faz prática docente

Até o momento, abordamos a filosofia nos seus aspectos que se articulam com a pedagogia, tentando compreender seu método e seus desdobramentos. Agora, cabe-nos refletir a instância na qual a pedagogia se traduz em prática docente: a escola propriamente dita.

Ao selecionar a escola como objeto de reflexão filosófica, não o fazemos de maneira gratuita. A razão é que, à medida que a sociedade humana foi se tornando complexa, teve necessidade de institucionalizar um meio eficiente de transmissão da cultura acumulada, necessária à sua sobrevivência.

Privilegiar a escola, como objeto de estudo e reflexão, significa assumi-la como instância erigida pela sociedade para a educação e instrução das novas gerações. Isso não significa que outras instâncias educacionais, tais como família, comunidade, grupo social etc. não tenham um papel significativo.

Segundo José Quirino Ribeiro:

> A esta altura do desenvolvimento das sociedades aquelas técnicas sociais menos evoluídas não garantem mais a comunicação do patrimônio, que envolve os valores e padrões de comportamento, e se torna necessária uma

como que especialização capaz de realizar, em tempo útil, o processo de instrução de que os indivíduos vão carecer para mais rápida e melhor integração na sociedade complexa.[1]

Portanto, a escola nasceu de uma necessidade do próprio processo social, à medida que este se tornou mais complexo. A escola cresceu e ganhou novas estruturas à medida que as sociedades também foram gerando novas necessidades. Hoje, embora a escola agregue funções supletivas (nas áreas de higiene, saúde, religião etc.), a sua função essencial continua a ser a de mediar, para as novas gerações, a apropriação da cultura acumulada pela humanidade. A escola é uma instância privilegiada de tradução da pedagogia em prática docente, não porque se queira, mas porque a própria história da sociedade a constituiu assim.

É importante refletir sobre a escola para se entender, conforme a própria prática histórica da sociedade, que nenhuma filosofia e nenhuma pedagogia (como concepção filosófica da educação) podem se realizar concreta e historicamente sem mediações que a efetivem. A filosofia e a pedagogia, formuladas teoricamente, por si sós nada podem. Elas devem ser traduzidas e operacionalizadas em práticas sociais e históricas se, com elas, se pretende produzir efeitos sobre os homens, individual ou coletivamente.

Marx nos lembra, na sua XI Tese sobre Feuerbach, que "os filósofos não fazem mais do que interpretar o mundo de formas diferentes; trata-se, porém, de modificá-lo".

Ou seja, as interpretações teóricas, por si mesmas, são inócuas se elas não se fizerem realidade através de mediações, que nada mais são do que a própria ação humana informada pelo entendimento filosófico formulado. Claro que Marx falava de uma transformação muito maior e mais complexa que aquela que qualquer prática docente poderá realizar. Ele indicava a transformação da sociedade, em sua base, em sua estrutura econômica. Transformação que se traduziria, simultânea e subsequentemente, em transformação cultural. Contudo, a prática docente, desde que exercida com clareza política, tem papel importante nesse processo de

---

1. Ribeiro, José Quirino. Formas do processo educacional. In: Pereira, Luiz e Foracchi, Maria Alice. *Educação & Sociedade*. São Paulo: Nacional, 1973, p. 75.

transformação. O que efetivamente não basta, de modo nenhum, é ficar exclusivamente no "filosofar", sem que este busque as mediações, os meios de sua realização na concreticidade histórica.

Daí que, no nosso caso, a escola, como uma instância de ação, surgida das próprias necessidades históricas de ação, surgida das próprias necessidades históricas da humanidade, adquire um significado especial como uma das instituições onde nossos ideais educacionais podem traduzir-se em prática pedagógica e, pois, em práticas sociais e políticas.

É nessa perspectiva que vamos abordar a escola no decorrer deste texto.

1. A escola como instância mediadora da pedagogia

A educação institucionalizada não é coisa nova. Na comunidade primitiva,[2] a educação era realizada de forma difusa, pela convivência entre crianças e adultos, entre jovens e adultos. À medida que os adultos trabalhavam, as novas gerações aprendiam pela participação prática nas experiências de trabalho. Também à medida que os adultos exercitavam seus valores, seus rituais sociais e religiosos, as novas gerações iam, espontaneamente, assimilando a vida em sociedade. Dessa maneira, a educação se processava, no dia a dia da comunidade, de uma maneira assistemática, sem uma intencionalidade explícita. Todavia, à medida que a organização da sociedade foi adquirindo a forma de divisão de classes — um segmento dominante e um segmento dominado — e que a organização social foi exigindo formas de ação mais complexas, devido à ampliação de sua produção, foi crescendo a acumulação das experiências sociais; foi se tornando necessária uma educação mais estruturada, institucionalizada. Então, a educação espontânea já não era mais suficiente para dar conta da transmissão e assimilação das condutas, dos comportamentos e dos saberes necessários à sobrevivência da comunidade.

---

2. Ponce, Anibal. Educação c luta de classes. São Paulo, CorteVAutores Associados, 1994.

A vida social, pela complexidade que adquirira, já exigia formas de transmissão e assimilação de condutas que a pura espontaneidade da convivência já não satisfazia mais.

Além disso, o segmento da sociedade que foi se tornando dominante foi, ao mesmo tempo, assumindo a cultura acumulada e necessária à comunidade como propriedade sua. Decorrendo daí a constituição de instâncias sociais para a transmissão e assimilação dos "segredos" (que eram os saberes) da comunidade.

O segmento da sociedade que foi se constituindo como dominante e que foi constituindo os saberes como segredos, também, aos poucos, instituiu um meio de transmitir esses saberes aos seus descendentes. Foi a institucionalização da educação, que ao longo do tempo ganhou formas diversas e que, na moderna sociedade burguesa, denominamos escola.

Na sociedade de classes o conhecimento, que era comum a todos, foi se transformando em segredo a ser transmitido só para aqueles que pertenciam ao grupo dominante. Evidentemente, nem todos os conhecimentos se tornaram secretos, mas somente aqueles que serviam de maneira especial às expectativas e necessidades do segmento dominante. E esses, de fato, eram conhecimentos importantes para aquela sociedade, ainda que muitos outros conhecimentos existissem e também fossem importantes, mas não valorizados naquele momento pelo setor dominante. Ou seja, a descoberta de que a transmissão e a assimilação dos conhecimentos era uma coisa importante para a sociedade decorreu da própria experiência histórica da humanidade; porém, foi o segmento dominante quem se apropriou dessa prática, exatamente por ela ser muito significativa para a sobrevivência e o avanço.

Para ilustrar esse processo, tomemos um exemplo histórico. Esparta, por volta do século VI a.C., possuía uma organização social complexa e estruturada em classes — o segmento dominante era composto pelos "espaciatras", ditos legítimos representantes da sociedade espartana; o segmento dominado tinha, de um lado, os "periecos", denominados cidadãos livres, pois não eram escravos e, de outro lado, os "hilotas", que eram os escravos.

Em termos numéricos, essa composição social se expressava aproximadamente assim: 9.000 espaciatras; 100.000 periecos e 220.000 hilotas. Como se vê, os privilegiados eram poucos. Eles formavam a organização militar da cidade. Os periecos se dedicavam ao artesanato e ao comércio, enquanto os hilotas, como escravos, eram obrigados a trabalhar na agricultura para seus donos. Pois bem, a educação institucionalizada nessa Cidade-Estado da Grécia era praticamente privilégio dos chamados "legítimos representantes da sociedade espartana". Eles se utilizavam da educação institucionalizada para transmitir às novas gerações de sua classe os conhecimentos que interessavam à continuação de sua dominação. Já os conhecimentos que não eram significativos para a sua situação dominante podiam ser adquiridos por todos.

Esparta foi uma Cidade-Estado que se caracterizou pelos feitos militares, seja nas lutas de conquista de novos espaços geográficos, seja nas lutas em defesa dos seus domínios. Assim, o conhecimento militar era o mais importante de todos. Os saberes e as práticas de luta, os usos dos instrumentos de guerra, as estratégias militares não podiam ser aprendidos por periecos e hilotas. Além de não terem acesso a esse tipo de conhecimento, periecos e hilotas eram duramente castigados, até com a morte, caso manifestassem possuir algum dos conhecimentos ou alguma das habilidades que eram consideradas "próprias" dos espaciatras.

Para entender esse processo, basta lembrar que em Esparta havia uma formação paramilitar denominada "Cripteia". A Cripteia era uma instituição responsável por emboscar periecos e hilotas que soubessem manejar armas e praticar atividades militares. E "emboscar" nada mais é do que a prática de prender e eliminar pessoas em lugares ermos e escuros. Normalmente, era na calada da noite que a Cripteia agia, eliminando possíveis elementos dos segmentos dominados da sociedade que detivessem um tipo de conhecimento que, segundo os interesses dominantes, pertenciam aos dominantes daquela sociedade.

A existência e a prática da Cripteia nos demonstra o quanto a sociedade complexa e organizada soube utilizar-se dos conhecimentos significativos e acumulados para o seu proveito. Mais que isso: a proteger seus interesses.

Os segmentos dominantes das diversas sociedades históricas souberam reconhecer o significado e a importância da educação institucionalizada como instância necessária para a realização de determinados objetivos sociais. Em Atenas, no mesmo período, dá-se um processo muito semelhante em relação à educação das novas gerações dos descendentes do segmento dominante. Só os cidadãos atenienses — aqueles que eram proprietários e não tinham necessidade de trabalhar com as próprias mãos para sobreviverem — tinham acesso à educação sistematizada, voltada para a cultura e a vida política. Enquanto em Esparta o conhecimento significativo para a realização das aspirações dominantes era o militar, em Atenas, era a oratória, a arte de argumentar. Era preciso saber falar em público e argumentar, para convencer os concidadãos — um dos meios necessários para ascender aos postos oficiais da administração da cidade. Os sofistas, nesse período, eram os pensadores e educadores, que estimavam a arte de argumentar e de convencer o interlocutor.

Em Roma, o acesso ao tribunato pertencia aos patrícios. Assim, eles tinham igualmente acesso à oratória, conhecimento e habilidade necessários para chegar ao poder. Era preciso obter votos e, para tanto, era importante saber expor claramente as ideias, ao ponto de conseguir convencer os seus pares dentro da sociedade.

Se continuássemos citando as experiências dos povos, através da história, iríamos verificar que todos deram importância à educação institucionalizada como um meio necessário para garantir a obtenção dos seus objetivos políticos.

No Brasil, desde a Colônia até nossos dias, a escola foi privilégio do segmento dominante. Na Colônia, eram as novas gerações dos proprietários de terra e dos comerciantes que podiam ter acesso à educação; hoje, quem tem acesso às escolas de melhor qualidade são as gerações descendentes daqueles que possuem melhores condições econômicas. O povo quer a escola, mas nem por isso tem acesso a ela. E quando o tem, quase nunca pode permanecer nela, seja pelas condições sociais de vida, seja pelas condições satisfatórias em que o ensino se dá, seja pela má qualidade do ensino.

As camadas populares descobriram a necessidade de ter acesso ao conhecimento, porém sempre foram alijadas dele; e continuarão alijadas se a sociedade brasileira não se modificar em sua base econômica e em sua estrutura social e política.

Em síntese, o que importa observar é que a instituição escolar tem importância histórica fundamental para a operacionalização de uma concepção pedagógica que, por sua vez, é tradução de uma concepção filosófica do mundo. Não é pelo fato de essa instituição estar nas mãos do segmento dominante da sociedade há anos, que deixa de ser um benefício a ser estendido a todos. Para qualquer segmento social, é uma instituição da maior importância, tanto para a transmissão quanto para a assimilação do legado cultural da sociedade.

O alijamento das camadas populares da educação institucionalizada não se dá por acaso. Tem um objetivo muito claro: impedir o acesso do segmento dominado ao saber, devido ao fato do saber como processo de descolamento da ignorância ser fundamental para a sobrevivência e o processo de avanço da sociedade.

No Brasil, ultimamente, a demanda por escolas — e por escolas de melhor qualidade — por parte das camadas populares tem sido constante. Os poderes constituídos não têm dado à escola a atenção que merece. Esse fato já é bastante significativo, em especial, se observarmos que a escola mais sacrificada é a destinada às crianças das camadas populares: a escola pública — reduzida em quantidade e em qualidade.

2. Uma perspectiva para a escola como instância de mediação pedagógica

Conforme as pedagogias foram se instituindo para atender as necessidades históricas dos diversos momentos da vida da humanidade, a prática pedagógica escolar, ao longo do tempo, foi ganhando conotações diferentes. Cada época histórica, cada grupo humano, fez da escola uma instância, entre outras, de mediação de sua concepção de mundo.

As diversas pedagogias, como tradutoras de concepções de mundo (filosofias), deram sentido e significado à ação educativa em geral e em particular à educação escolar.

Desse modo, por exemplo, tivemos a educação tradicional, articulada com o pensamento filosófico essencialista, seja na modalidade aristotélicotomista, seja na modalidade do naturalismo renascentista. Tivemos, em fins do século passado e início deste, a pedagogia "renovada", fundada nos pressupostos das filosofias da existência, traduzidos, especialmente, pelo pensamento de Rousseau e dos filósofos da "existência" e, traduzidos na educação, pelo pensamento pedagógico de Pestalozzi, de Maria Montessori, de John Dewey e de muitos outros. Mais recentemente, a Pedagogia, sob a forma tecnicista, traduziu as aspirações de racionalidade do capitalismo avançado.

Hoje, no Brasil, em nossas escolas, convivem essas diversas tendências pedagógicas. Quem de nós já não passou por uma experiência de ter tido um professor mais tradicional ou um professor mais do tipo escolanovista? É possível que ninguém tenha tido uma experiência muito acentuada da prática educativa tecnicista, desde que essa pedagogia permaneceu praticamente nos gabinetes do sistema educacional (MEC e Secretarias de Educação), não chegando às escolas, a não ser para desqualificá-las ainda mais.

Também as pedagogias transformadoras não conseguiram se instalar ainda no Brasil. A Pedagogia libertária praticamente inexiste hoje em nosso meio. As tentativas dos grupos anarquistas, no início século XX, especialmente em São Paulo e no Rio de Janeiro, tiveram curta duração e abrangência. A Pedagogia libertadora, formulada pelo professor Paulo Freire, tinha, em princípio, uma proposta educativa a ser efetuada fora da escola. Mais recentemente, muitos educadores vêm trabalhando para levar o seu pensamento e a sua proposta pedagógica para o âmbito escolar, nem sempre com muito êxito. A Pedagogia "crítico-social dos conteúdos" é muito nova: ainda está sendo formulada e deverá passar por um período de divulgação, de convencimento e de prática para que possa manifestar papel significativo na história da educação no nosso país.

Não vamos retomar a discussão dessas diversas pedagogias, que já foram suficientemente analisadas. Queremos apenas ensaiar alguns elementos que indiquem aquilo que tomaremos como centro da ação pedagógica escolar.

Georges Snyders, no seu livro *Para onde vão as pedagogias não diretivas* diz que:

> o que baseia uma pedagogia, o que constitui o critério entre as pedagogias, são os conteúdos que estas apresentam, ou mais exatamente, as atitudes a que se propõem levar os alunos: que tipo de homem esperam formar? Uma pedagogia progressiva distingue-se de uma pedagogia conservadora, reacionária e fascista, pelo que diz. [...] Para se perceber a significação de uma pedagogia é necessário remontar ao seu elemento dominante: o saber ensinado. O que se diz e o que se oculta aos alunos? Como lhes é apresentado o mundo em que vivemos? Para que ações os conduzem as palavras, os silêncios, as atitudes implícitas e explícitas do mestre? Que ajuda se lhes dá, para ultrapassarem as mistificações interessadas, nas quais tantas forças contribuem para os manter?.[3]

Esse posicionamento de Snyders nos esclarece que aquilo que define uma proposta pedagógica é o seu conteúdo, ou seja: quem será o homem formado pelas ações educativas direcionadas por essa pedagogia? Será um sujeito que memoriza informações e que sabe repeti-las? Será um sujeito "culto"? Será somente um indivíduo formado na experiência espontânea da vivência grupal? É o conteúdo, pois, que caracteriza cada pedagogia e a escola que o assume.

Qual seria, então, o conteúdo que definiria a escola que queremos?

À educação institucionalizada, como vimos, coube, historicamente, a transmissão e assimilação da cultura produzida e sistematizada pela humanidade. Coube a transmissão e a garantia do processo de assimilação dos conhecimentos que eram importantes para uma determinada sociedade. Porém, os elementos do segmento dominado dessas sociedades

---

3. Snyders, Georges. *Para onde vão aspedagogias não-diretivas*. Lisboa: Moraes Editora, 1978. p. 309-10.

nunca tiveram um acesso adequado a esse saber. Toda vez que as camadas populares demandaram educação sistematizada, duas possibilidades ocorreram historicamente: ou foram alijadas do processo educativo, como ocorreu em Esparta, por exemplo; ou a qualidade de ensino oferecido decai profundamente, como tem ocorrido no Brasil, ultimamente.

A conclusão a que podemos chegar, a partir dessa exposição, é que um dos objetivos fundamentais da ação pedagógica da escola é a transmissão e assimilação do legado cultural da humanidade. Essa compreensão merece alguns esclarecimentos.

Vamos entender como transmissão e apropriação do legado cultural da humanidade os conhecimentos que foram construídos ao longo do tempo e que foram dando configuração à compreensão do mundo e à sua transformação. Isso significa a possibilidade de acesso de todos os seres humanos a todos os tipos de conhecimento, assim como às diversas metodologias de abordagem dessa realidade. Oferecer conhecimentos não significa somente transmitir e possibilitar a assimilação dos resultados da ciência, mas também transmitir e possibilitar a assimilação dos recursos metodológicos utilizados na produção dos conhecimentos. Às jovens gerações não interessa apenas apropriar-se dos resultados dos entendimentos já estabelecidos pela humanidade. Interessa a elas também apropriar-se da forma de abordagem dessa mesma realidade, para que adquiram um instrumento cognitivo que permita o aprofundamento dos conhecimentos existentes e a construção de novos entendimentos da realidade.

Todo cidadão deverá poder apropriar-se dos resultados do processo histórico de conhecimento que a humanidade vem desenvolvendo; os resultados dos conhecimentos sobre o mundo físico, sobre o mundo biológico, sobre o mundo social etc. Porém, esses resultados foram obtidos por meio do uso de uma determinada metodologia. É preciso que o educando se aproprie também dessa metodologia. Mais que isso: torna-se necessário que os educandos sejam exercitados no uso dos recursos metodológicos com os quais os conhecimentos foram construídos. Não se aprende a utilizar alguma metodologia sem alguma exercitação. E, tendo aprendido a utilizar a metodologia pela exercitação, importa ainda aplicá-la na inventividade, na criatividade. Só deste modo a cultura poderá avançar atendendo a novas necessidades do ser humano.

Em síntese, quando se fala em apropriação do legado cultural da humanidade como um dos núcleos fundamentais de atenção da ação escolar, não se está expressando a exclusiva necessidade de retenção de informações, mas sim a apropriação ativa dos conhecimentos, o que implica apropriação da informação, apropriação da metodologia e sua utilização, assim como a sua utilização na inventividade.

Socialmente, a apropriação dos conhecimentos é um direito de todos os seres humanos. Esses conhecimentos foram produzidos dentro da sociedade e, por isso, a ela pertencem. Sociedade aqui é entendida como o conjunto de todas as pessoas que nela convivem e não somente os elementos privilegiados do segmento dominante e seus representantes oficiais no poder.

Os conhecimentos foram produzidos por cientistas e pensadores. Contudo, importa lembrar que eles não os produziram como heróis, às suas próprias expensas. Foi a própria sociedade quem os sustentou em seus trabalhos de investigação. Observando, hoje, como isso ocorre, podemos perceber que cientistas, pesquisadores e pensadores têm suas investigações financiadas por órgãos públicos ou por entidades que se beneficiam de isenções fiscais. Os trabalhadores não fazem a pesquisa diretamente, mas são eles que as financiam com o seu trabalho, através dos múltiplos impostos cobrados pelo governo.

É curioso observar que até mesmo com nossa fome financiamos cultura, ao lado de muitas outras coisas do moderno Estado burguês. Sobre todos os objetos que utilizamos, em princípio, pagamos um imposto de circulação de mercadoria. Quando consumimos um quilo de carne ou de feijão, ou qualquer outro alimento, pagamos esse tipo de imposto. Sobre todas as coisas que consumimos, há um imposto. Assim sendo, o povo financia, por intermédio dos impostos, a educação, a pesquisa, a cultura e muitas outras coisas. Então, por que não tem direito ao acesso a esse conhecimento e à sua assimilação? Ter a possibilidade e os mecanismos necessários de apropriação do legado cultural que a humanidade já produziu é um direito inalienável de todos os seres humanos. Em si, não há por que subtrair as pessoas desse direito. Todavia, por interesses espúrios, especialmente por não permitir o acesso das camadas populares a esse bem espiritual, que é a cultura, criam-se mecanismos pelos quais o povo não tem acesso ao conhecimento que ele pagou com o seu trabalho para ser construído.

Falamos do conhecimento e do direito de acesso a ele. Mas o que significa conhecimento? Mais à frente, em outro capítulo, trataremos detalhadamente dessa questão. Contudo, por ora, não podemos continuar sem esclarecer alguma coisa.

Conhecimento significa uma forma de entendimento da realidade, ou seja, uma forma de compreensão de alguma coisa, tanto no seu modo de ser quanto no seu modo de operar com ela. O conhecimento não é apenas uma forma de obter e reter informações. É muito mais que isso. E uma forma de entender a realidade como ela é e no seu funcionamento, a partir dos múltiplos elementos que a explicam. Para combater e vencer uma doença é preciso saber o que ela é e como age; para travar uma luta política, com chances de sucesso, é preciso entender o funcionamento da sociedade em que se vive. E assim por diante. O conhecimento é, portanto, um instrumento de vivência e de sobrevivência. Não significa apenas uma "ilustração da mente".

Vale lembrar que a apropriação do conhecimento elaborado é uma forma fundamental de elevação cultural de quem o apropria. Isso porque o conhecimento elaborado é um meio exterior que obriga aquele que o apropria a produzir uma nova síntese de seus entendimentos do mundo e da realidade. A cultura elaborada é um elemento que obriga a uma ruptura com a situação cultural anterior do indivíduo, possibilitando-lhe "ser outro". Por exemplo, quem adquire um conhecimento de história, que não possuía antes, ganha uma nova experiência cultural e, por isso mesmo, elabora uma nova síntese de compreensão. O conhecimento elaborado, que integra dentro de si (por superação dinâmica) o conhecimento espontâneo, é um novo patamar de entendimento para o seu portador. A escola, como instância educativa, tem por papel a elevação cultural dos seus educandos. Ela é uma instância importante e significativa dentro da sociedade.

Um segundo núcleo fundamental de atenção da escola é a formação da personalidade do educando. Claro que a apropriação ativa dos legados culturais da humanidade já é um modo de formação da personalidade. As formas críticas de compreender o mundo vão dando ao educando meios de adquirir uma maneira de ser, uma personalidade. Porém, além daquilo que decorre dos conhecimentos para a formação da personalidade, os educadores devem estar voltados para um segundo núcleo de atenção: a formação do comprometimento do educando com o outro ser humano. A formação do espírito de solidariedade, através do exercício permanente dessa atitude, é fundamental para o educando. Com isso, não estamos querendo dizer que a escola deva ter atividades específicas de formação do espírito de solidariedade. Cremos que todas as atividades dos educadores dentro da escola devem estar permanentemente atravessadas por essa preocupação. As temáticas expostas, o respeito pelo aluno como sujeito ativo de sua educação, os trabalhos em grupo, as atividades esportivas, as atividades artísticas são oportunidades ímpares para se desenvolver permanentemente esse espírito. O conhecimento é importante, mas é preciso que esse conhecimento se transforme em modo de ação. Por isso a formação do espírito de solidariedade é importante. Conhecer e saber aplicar, sim, mas com uma finalidade de sobrevivência solidária.

Um terceiro núcleo de atenção do educador dentro da escola é o mundo afetivo da criança, do adolescente, do jovem que, por si, já se faz presente na questão da formação do espírito de solidariedade. Contudo, queremos aqui lembrar as situações de interesse, motivação, atitude positiva para com a aprendizagem e as atividades desenvolvidas etc. Certamente que a escola não deverá ser uma clínica terapêutica, tendo em vista superar os bloqueios afetivos dos seus educandos. Esse não parece ser o objetivo principal da escola — o seu objetivo historicamente constituído é a transmissão e assimilação ativa dos conhecimentos —, mas ela não poderá descurar dos aspectos afetivos do educando. Ele é um todo uno e indivisível. Não se adquire conhecimento sem que se tenha uma atitude afetiva positiva para com ele. Ninguém se entrega a uma atividade com alegria e prazer sem que tenha um interesse positivo em relação a ela. Então, os educadores, em geral, deverão estar atentos aos aspectos afetivos, na medida em que estes são condições fundamentais para a participação tanto no processo efetivo da aprendizagem dos conhecimentos, como para a formação do espírito de solidariedade, como para a participação nas mais diversas atividades grupais. Um educando ou qualquer sujeito humano só pode se entregar a uma atividade se estiver positivamente voltado para ela. Então, a aquisição do conhecimento, a participação nas atividades grupais, esportivas, artísticas etc. necessitam de um suporte afetivo positivo.

A escola, dentro dos seus objetivos e em todas as suas atividades, deve trabalhar para desenvolver uma afetividade sadia em seus alunos. Para tanto, não é necessário existirem atividades curriculares formais. Importa que, em cada atividade curricular formal, os educadores estejam atentos para este aspecto. A aprendizagem disciplinada de alguma coisa não tem que ser obrigatoriamente coercitiva, ela pode dar-se pelo prazer e pela alegria que produz. Isso não significa dizer que a escola é um espaço de lazer e ócio. Ela é um espaço onde se aprende e se vive prazerosamente de uma forma disciplinada e trabalhosa, desde que conhecimentos, habilidades e formas de vivências exigem esforços permanentes. Nenhum avanço se dá sem um esforço e, pois, sem uma ruptura com o estado de repouso.

Em síntese, a escola que queremos é aquela onde os educadores estão profundamente interessados na educação dos seus alunos. Para tanto, trabalham efetivamente para que seus educandos adquiram os legados culturais elaborados pela humanidade, que formem um espírito de solidariedade, de um modo afetivamente positivo.

A escola, direcionada nessa perspectiva, será o local onde educadores e educandos em uma relação democrática, porque interessados em um objetivo único — a formação dos educandos —, dedicam-se conjuntamente em atividades que elevam o seu modo de ser e de viver. Elevação esta que terá um papel significativo na democratização da sociedade como um todo.

Vale aqui uma última observação. Temos dito que o objetivo que define a pedagogia e a escola são os conteúdos que propõem e que a aquisição de conhecimentos significativos é um dos seus núcleos fundamentais de atenção. Na prática docente, é preciso que o professor, para cumprir essa proposição, saiba levar em conta as circunstâncias em que está trabalhando com os conhecimentos. Isto significa levar em consideração o educando com quem está trabalhando, assim como suas características. Ao se trabalhar com conhecimentos culturais sistematizados há que se ter presente o destinatário desse processo. Os níveis de conhecimento terão que ser adaptados a ele: crianças da pré-escola, da escola de 1º grau, de 2º grau, de universidade.

3. Procedimentos de estudo e ensino

1. Questões para estudo e compreensão do texto

a) Como se pode entender que nenhuma concepção teórica se faz prática na vida humana sem alguma mediação? Que é mediação, neste caso?

b) Como a escola pode ser uma mediação concreta de uma concepção pedagógica? Dê exemplos históricos de como a escola foi utilizada como instância mediadora de determinada concepção de sociedade.

c) O que significa dizer que a escola define-se por seu conteúdo?

d) Discuta qual seria o centro de atenção para a atividade escolar que desejamos. Você concorda com a posição deste capítulo? Por quê?

2. Sugestões de temas para dissertação ou discussão em grupo

a) A escola que temos e a escola que queremos.

b) Um estudo crítico da sua escola.

3. Sugestões bibliográficas para estudos complementares

LIBÂNEO, José Carlos. *Democratização da escola pública*: pedagogia crítico-social dos conteúdos. São Paulo: Loyola, 1985.

PONCE, Anibal. *Educação e luta de classes*. São Paulo: Cortez/Autores Associados, 1984.

SAVIANI, Dermeval. Ensino básico e o processo de democratização da sociedade brasileira. In: *Revista Ande*, n. 7, p. 9-13.

2ª PARTE

Do senso comum pedagógico à postura crítica na prática docente escolar

Capítulo 5

Filosofia do cotidiano escolar: por um diagnóstico do senso comum pedagógico

No Capítulo 1, ao abordarmos o processo do filosofar, dissemos que o primeiro passo metodológico para proceder ao exercício da reflexão era inventariar os valores que davam significado à cotidianidade. Esses valores poderiam estar explícitos ou implícitos mas, em ambos os casos, como pressupostos da ação diuturna, individual ou social.

Neste capítulo, vamos tentar exercitar esse passo metodológico do filosofar no que se refere aos valores que têm dado significado ao cotidiano escolar. Ou seja, vamos inventariar os valores que estão, em geral, orientando o cotidiano escolar por intermédio da prática docente. Os outros passos do exercício da reflexão filosófica serão expostos posteriormente.

Tentaremos, assim, sugerir respostas para as seguintes questões: o professor, na sala de aula, tem uma filosofia que compreende e orienta a sua ação? Se tem essa filosofia, como ela se configura — quais são seus elementos constitutivos e de compreensão da realidade?

Em princípio e genericamente falando (desde que existem boas e sãs exceções), o dia a dia do educador escolar tem por base não uma filosofia criticamente construída, mas sim um *senso comum* que foi adquirido, ao longo do tempo, por acúmulo espontâneo de experiências ou por introjeção acrítica de conceitos, valores e entendimentos vigentes e dominantes no seu meio.

Como resposta inicial às questões acima formuladas, vamos admitir que, no geral, a ação pedagógica cotidiana escolar vem sendo realizada *sem uma permanente meditação crítica* sobre o que se está fazendo: seu sentido, significado e finalidade.

Para cumprir a abordagem deste capítulo, vamos dar os seguintes passos: em primeiro lugar, tentar definir o que entendemos por *senso comum*. A seguir, abordar, ainda que de forma impressionista, qual o conteúdo (os princípios) do senso comum pedagógico escolar, tomando por base elementos tais como: educando, conhecimento, conteúdo de ensino, material didático, procedimentos etc. Enfim, tomaremos como elementos de análise os aspectos essenciais da prática docente. Por último, ensaiaremos uma compreensão do sentido e do valor político da permanência do senso comum pedagógico, como a "filosofia" que permeia o nosso cotidiano escolar.

1. O senso comum

Nascemos em uma certa circunstância geográfica, social e histórica e nela adquirimos espontaneamente um modo de entender a realidade e de agir sobre ela. Por exemplo, muitas pessoas aprenderam que o número 13 dá azar, outras aprenderam que dá sorte. Aprenderam pela convivência com as outras pessoas: por "ouvir dizer". E, então, passaram a organizar suas vidas e suas ações (aquelas que têm a ver com esse entendimento) a partir desse modo de compreender o mundo e a realidade. Há pessoas que no dia 13 de cada mês se resguardam de possíveis azares: usam *patuás*, participam de rituais para "fechar o corpo" etc. Outras pessoas, aquelas que entendem que este número dá sorte, utilizam-se dessas oportunidades para os seus respectivos rituais de "bom agouro".

Isso se multiplica por inúmeros elementos de vida social, formando um entendimento que as pessoas possuem da vida. Ou seja, essas compreensões constroem "uma visão de mundo", fragmentária e, por vezes, até contraditória. A isso denominamos *senso comum*. São conceitos, significados e valores que adquirimos espontaneamente, pela convivência, no ambiente em que vivemos.

Anterior e simultaneamente à nossa existência estão presentes valores, padrões de conduta, costumes, modos de conhecer, de organizar a vida social, de relacionamento dos seres humanos com a natureza, consigo e com os outros. Esses elementos vão chegando até nós como formas de compreender a realidade que nos cerca e como modos de agir. Dessa maneira, adquirimos explicações para a vida, para os rituais sociais, religiosos, para as regras e normas de vida, para os processos educacionais, para o trabalho, para as relações entre pais e filhos, para as relações entre autoridade e subalterno, para fenômenos da natureza; explicações, enfim, para uma quantidade infindável de dados e acontecimentos que se fazem presentes em nossa existência pessoal.

Lentamente, esses elementos "explicativos" penetram em nossas mentes, em nossa afetividade, em nosso modo de agir, em nossa prática diuturna. Acostumamo-nos, afinal de contas, a todas essas apropriações e, raramente, nos perguntamos se existem outras possibilidades de explicação para tudo que observamos, vivenciamos e participamos. O mundo, a realidade, nossa forma de pensar, tudo se compreende e se organiza a partir desse senso comum da realidade.

O senso comum nasce exatamente desse processo de "acostumar-se" a uma explicação ou compreensão da realidade, sem que ela seja questionada. Mais do que uma interpretação adequada da realidade, ele é uma "forma de ver" a realidade — mítica, espontânea, acrítica.

A formação do senso comum tem o seu dinamismo. Enquanto nos desenvolvemos, ao longo do tempo, sofremos a interferência de novos elementos que emergem na vida social e crescem junto conosco. Os mais velhos nos transmitiram valores; nós os recebemos e os transmitimos às gerações posteriores. Todavia, nós também, em nosso momento de existência no conjunto da sociedade, somos criadores de novas compreensões da realidade, que podem ter as características do senso comum, e as transmitimos às gerações posteriores. Nossos contemporâneos também criam conjecturas que nos são transmitidas. Portanto, o senso comum não só vem de padrões de conduta estabelecidos acriticamente no passado, mas também de formas de compreender e agir que nascem e veiculam-se paralelas e por dentro de nossas existências sociais e individuais. Às visões de mundo que não se tornam, vigentes, que não "pegam", se volatilizam, desaparecem; contudo, aquelas que "pegam" tornam-se costumes, traduzindo-se em senso comum.

Estamos na esfera da configuração do senso comum, tanto à medida que recebemos, quanto à medida que formulamos compreensões acríticas da realidade. O seu caráter acrítico decorre exatamente do fato de as visões que o compõem não terem vinculações efetivas com os elementos da realidade, já que o efetivo desvendamento da realidade produz o *senso crítico*. Esse fato — o desvinculamento efetivo da realidade — permite que os ditames do senso comum permaneçam dogmáticos e admitidos como certos por gerações e gerações. O desvendamento da realidade traz o senso crítico, que vai além dos limites espontâneos e fragmentários do senso comum. O senso comum, em geral, possui articulações com interesses axiológicos que o sustentam: interesses de autoridade, econômicos, políticos, religiosos, do modelo social no qual vivemos etc., interesses que são externos ao desvendamento da realidade.

A sociedade na qual vivemos tem sua forma de entendimento do mundo, não como um sujeito individual e voluntário, mas como um "espírito da época", como um "espírito da sociedade", que se torna dominante e hegemônico. Ou seja, ela possui uma forma de compreender e agir no mundo que permeia tudo e todos os momentos da vida, sendo assumida por todos como se fosse um modo "externo e natural" de conceber a realidade complexa que nos rodeia. Esse caráter "natural" implica a desnecessidade de questioná-lo, assim como não questionamos a nossa respiração porque ela é natural.

Concluindo, o senso comum é um modo de compreender o mundo, constituído acrítica e espontaneamente, que se traduz em uma forma de organizar a realidade, as ações diárias, as relações entre as pessoas, a vida como um todo.

Mas será que tudo é senso comum no dia a dia das pessoas? Será que só existem elementos acríticos? Efetivamente não. No seio do senso comum, ocorre o "bom senso", que se compõe de fragmentos de criticidade que emergem no contexto dessas configurações. Nem tudo no contexto do senso comum é ingenuidade. Podem ocorrer (e normalmente ocorrem) elementos de compreensão e conduta que têm muito de criticidade e justeza. Por vezes, dizemos: "aquele sujeito tem muita sabedoria". Essa expressão revela o quanto alguém, na espontaneidade de sua existência, descobriu elementos significativos e críticos na e para a condução de sua vida. O ideal seria que o todo da compreensão e conduta de cada pessoa se desse de modo crítico, coerente, sistematizado. Contudo, para isso, é preciso muito trabalho — trabalho crítico de reflexão filosófica e científica.

Hoje, fazendo uma afirmação genérica, podemos dizer que, na prática pedagógica, impera o senso comum. Será que, para direcionar os nossos trabalhos pedagógicos, temos permanentemente nos perguntado quem é o educando e o que ele significa? Que é o conhecimento? Que são os conteúdos que veiculamos em nossas aulas? Será que questionamos o material didático que utilizamos?

Parece que, em vez de nos questionarmos, nos acostumamos e nos adaptamos às explicações e compreensões que foram sendo passadas de uma geração a outra por meio da palavra, através dos gestos e da convivência. Em educação, dificilmente, nos perguntamos se esses entendimentos têm algum fundamento. Por vezes nem mesmo tomamos consciência de que somos direcionados por algum entendimento. Parece-nos ser tão "natural" agir assim, que não nos importa questionar. Seguimos certos princípios sem questioná-los e muito menos nos perguntamos se seriam esses os que gostaríamos de perseguir como meta e finalidade de nossas ações.

É nesse contexto que ouvimos dizer: "Foi sempre assim: por que agora teria que ser diferente? Meus avós fizeram assim; meus pais fizeram do mesmo modo. Então, não está certo?" É o senso comum com o seu rolo compressor, que nos envolve, nos retira a possibilidade do questionamento em tudo, inclusive nas questões pedagógicas e educacionais.

Vamos tentar explicitar alguns dos elementos do senso comum pedagógico. Vamos descrever esse senso comum a *partir da prática pedagógica* dos profissionais da educação. Não iremos perguntar-lhes como eles entendem e conduzem a sua prática pedagógica, mas tentar "ler" em seus atos, como esses entendimentos estão manifestos. Ou seja, entendemos que, partindo da prática pedagógica cotidiana em nossos contextos escolares, podemos *inventariar* os valores, sentidos e significados que norteiam o seu ato educativo. Se conseguirmos isso, estaremos dando o primeiro passo no esforço de filosofar sobre a prática docente.

2. O senso comum pedagógico

2.1 Os sujeitos do processo educativo

a) O educador

Quem é o educador no processo educativo escolar? Será que nós educadores, ao assumirmos a atividade de docentes, nos perguntamos o significado dessa atividade na sociedade como um todo e na vida dos educandos?

Em geral, e a não ser em uma minoria de casos, parece que o senso comum é o seguinte: para ser professor no sistema de ensino escolar, basta tomar um certo conteúdo, preparar-se para apresentá-lo ou dirigir o seu estudo; ir para uma sala de aula, tomar conta de uma turma de alunos e efetivar o ritual da docência: apresentação de conteúdos, controle dos alunos, avaliação da aprendizagem, disciplinamento etc. Ou seja, a atividade de docência tornou-se uma rotina comum, sem que se pergunte se ela implica ou não decisões contínuas, constantes e precisas, a partir de um conhecimento adequado das implicações do processo educativo na sociedade.

A ação docente tem sentido e significado. Já definimos anteriormente que, nas práticas humanas, quando não formulamos um sentido específico para a ação que vamos realizar, adotamos um sentido dominante que se faz presente na sociedade e na cultura em que vivemos. Assim, se não buscarmos o sentido e o significado crítico, consciente e explícito da ação docente, seguimos o sentido e o significado dominante desse entendimento que se tornou senso comum.

Isso se dá de tal forma que, muitíssimas vezes, para que alguém exerça a função de educador, não lhe é exigida nenhuma formação específica. Existem profissionais de áreas diversificadas que estão na regência escolar e que não tiveram nenhuma formação para tal. Possuem uma formação específica em uma área do conhecimento e, a partir daí, dedicam-se ao ensino. Não é que eles não possam ser bons profissionais da educação. O que queremos ressaltar é que não se busca um senso crítico do papel do educador no processo educativo; não se exige do educador uma preparação adequada para o exercício da docência, tanto do ponto de vista do compromisso político, quanto do ponto de vista da competência técnica e científica, que ela exige.

Em capítulo posterior retomaremos a questão do docente. Por enquanto, basta-nos a percepção de que, em geral, no que se refere ao entendimento do que seja o educador, seguimos um ritual que se tornou senso comum.

b) O educando

Como os professores concebem o educando? Um dos sujeitos do processo educativo? Quem é ele? Qual a sua dimensão? Qual o seu papel no processo de ensino-aprendizagem?

O professor raramente se faz essas perguntas. Para ele, essa questão de "quem é o educando" já está plenamente definida. Parece natural tratar o educando como ele vem sendo tratado todos os dias nas salas de aula.

Que elementos caracterizam o senso comum pedagógico sobre o educando?

Observando a relação professor-aluno, no cotidiano escolar, uma das características do educando que parece permear a prática pedagógica é a de que ele é um ser passivo. Basta observar uma sala de aula e veremos que, na maior parte das vezes, o professor considera que o aluno deve estar ali para receber as "suas lições" e, depois, no final de uma unidade de ensino, devolvê-las em provas e testes exatamente como foram ensinadas, até mesmo nas vírgulas e pontos. Não é que o aluno *seja propriamente passivo; mas, segundo o senso comum, deve sê-lo*. Em geral, os atos e condutas dos professores dão a entender que eles *querem* que os alunos sejam passivos, pois os ativos "dão trabalho", seja na disciplina comportamental, seja na disciplina intelectual. Usualmente, não se tem tido suficiente cuidado com a produtividade do educando.

Porém, no oposto deste entendimento, há um outro conceito comum muito alastrado: o de que o educando deve ser ativo sempre. Todavia, não há muita clareza sobre o que se compreende como um aluno "ativo". Por vezes, ativos têm sido designados os educandos que se agitam durante as atividades escolares. Com isso, esquece-se de verificar que o modo de ser ativo depende do conteúdo com o qual se esteja trabalhando. Se o conteúdo refere-se à atividade física, será ativo o aluno que a praticou; porém se o conteúdo for intelectual, a atividade será mental. Assim, o conceito de "ativo" deve ser bem compreendido.

Desse modo, é preciso ter cuidado para criticar o senso comum no que se refere à passividade ou à atividade do educando. Isso dependerá da tarefa posta em questão, dependerá da situação de aprendizagem.

A segunda crença na qual se alicerça a prática pedagógica escolar é a de que o educando é um *ser dependente* do educador: desde o que deve aprender até o que deve responder. Tem que se dar a ele a "certeza" sobre alguma coisa, a resposta pronta, pois ele não "deve ter" independência para buscar respostas. E como se se dissesse que o educando "não tem querer"; o seu "querer" deve ser o do professor. O critério de certeza sobre a validade dos conhecimentos deve depender do critério do professor.

Será mesmo que o educando é tão dependente assim? Será que ele não pode ter um "querer diferente", que lhe desenvolva a autonomia? Será que o querer do professor e o do educando não podem ser permeados pela busca de um entendimento, novo e superior, através da discussão entre ambos?

Uma terceira forma do senso comum pedagógico é a de considerar que o educando é um *ser incapaz de criar*. Ele tem que reter e repetir os conhecimentos e não inventá-los. Apesar das reclamações constantes de que os alunos não são criativos, a ação pedagógica, na maior parte das vezes, está pautada pela ideia de que o aluno é incapaz de criar, é um inválido do ponto de vista intelectual. Toda vez que o educando tenta sair do esquema linear do dia a dia, é cerceado de diversas maneiras. As estratégias para delimitar seu campo de ação baseiam-se no lema "fazer as coisas como o professor quer".

Por vezes, sugerimos a nossos filhos formas diferenciadas e possíveis de fazer uma tarefa de casa, porém a criança nos responde: "o professor quer assim; e, se não for assim, ele tira nota". Mas será que há apenas uma única forma de se fazer alguma coisa de modo correto? Se fosse assim, Einstein não teria superado Newton, e Marx não teria superado os economistas clássicos etc.

Além disso, as histórias e fábulas relatadas nas aulas, por vezes, indiretamente acrescentam o castigo a quem tem curiosidade. Veja a exemplo a narração da estória do "Américo Pisca Pisca: o reformador do mundo", que teria sido castigado se tivesse efetuado sua reforma da natureza, colocando a abóbora na jabuticabeira e a jabuticaba nos ramos de abóbora; desde que, ao fazer a sesta sob a jabuticabeira, uma das jabuticabas maduras caíra-lhe sobre o nariz. Já imaginou acordar com uma abóbora rachando nossa cara!?! Ele recebia o castigo da sua curiosidade e criatividade. Depois dessas estórias, quem mais vai querer ser curioso e criativo?

Entre muitas outras características desse senso comum sobre o educando, poderemos observar também que da ação dos professores se depreende que o educando é um sujeito *incapaz de julgamento* sobre si mesmo e sobre sua aprendizagem. No momento da avaliação, na maior parte das vezes, o professor nem sequer dá ao educando a oportunidade de verificar o que não conseguiu aprender e nem por que não conseguiu aprender. Aplica-se um teste, contam-se as questões certas e erradas, dá-se uma nota, registra-se em caderneta e pronto. Será que o aluno não merece um momento de troca de ideias e entendimento sobre seus avanços e suas dificuldades? Será que o educando não teria condições de, juntamente com o professor, encontrar explicações para os seus desvios de aprendizagem? E mais: será que a compreensão desses desvios não ajudaria em seu crescimento intelectual? Será que esse diálogo com o aluno sobre os dados objetivos de sua aprendizagem não ajudaria também o professor a entender melhor as suas atividades didáticas, os seus acertos e os seus erros? Professor e aluno, abordando juntos os resultados objetivos da aprendizagem, podem formular juízos que servem para ambos e para a melhoria do próprio processo de ensino e aprendizagem. Entender o educando como incapaz de julgamento é perder oportunidade de crescimento e avanço para ambos.

Coroando esses elementos do senso comum sobre o educando, gostaríamos de lembrar ainda uma característica que, talvez, seja a raiz de todas as anteriores: é a forma de considerar o educando como um *elemento isolado* de tudo o mais que o cerca. O educando é considerado como "se fosse caído do céu", sem vínculos com a natureza, com o ambiente sociocultural, com a história, com a sociedade; sem vinculação com a sua própria natureza ativa. Ou seja, o educando é tomado de uma forma idealista,[1] que nada mais quer dizer do que tomar o educando como um ser que fosse "dado aí", pronto, definido desde toda a eternidade.

De fato, o educando, ao contrário, é um ser material-espiritual, com muitos condicionantes objetivos envolvendo-o; tem uma natureza físico-biológica que se constrói pelo crescimento, tem uma inteligência que adquire patamares complexos de reflexão pela sua relação com o meio e pela atividade; tem maior ou menor capacidade de apropriar-se dos conhecimentos e habilidades, dependendo de suas vivências e convivências. Tudo isso tem que ser levado em consideração para que não predomine o senso comum de que o educando é um "certo anjo" que caiu não se sabe

---

1. Por *idealista*, aqui, se entende toda e qualquer concepção ou entendimento do ser humano e do mundo que não leve em consideração os seus elementos materiais e históricos. Por exemplo, considerar que a inteligência é uma "faculdade dada" e existente por si e sempre é uma compreensão idealista desse elemento humano. Por quê? Porque essa concepção coloca a inteligência como um fenômeno isolado, abstrato, sem vinculações com as suas condições materiais e históricas. E a inteligência é resultante de condições físico-biológicas do ser humano, articuladas com fatores externos, tais como atividade, trabalho, linguagem.

de onde. A posição idealista não vê o educando como ele é — daí os entendimentos arbitrários de passividade, não criatividade etc. Essa forma de conceber a educação do seu verdadeiro caminho — aí ela trabalha a partir de "suposições" sobre o educando e não a partir daquilo que o educando é.

Muitos outros pontos de senso comum pedagógico sobre o educando poderiam ser levantados. Estes servem de amostragem. Cada um de nós poderá continuar a *inventariar os conceitos e valores que estão ou podem estar direcionando nossas práticas pedagógicas.*

Há uma contradição entre essas condutas educacionais e aquilo que os educadores dizem. Todos dizem que desejam educandos ativos, criativos, autônomos, capazes de decisão etc. Porém, as ações educativas, enquanto atos educativos, mostram o contrário. O senso comum tornou-se hegemônico — agimos *com* e *por* ele, sem nos perguntarmos sobre a sua significação e validade. Só com a tomada de consciência desses elementos do senso comum — e com sua superação — poderemos chegar a uma nova compreensão do educando, dando um salto à frente.

2.2 O conhecimento e seu processo

A partir do que se observa numa sala de aula, como definir o que é conhecimento? De um lado, um professor expõe informações, conceitos e regras de trabalho; de outro, os alunos ouvem a apresentação e se utilizam de material didático. Ao final, um teste para verificar o que o aluno reteve do que foi dito ou lido. Que é conhecimento neste contexto e qual é o seu processo?

O conhecimento parece ser o conjunto de informações que são apresentadas ou lidas no livro-texto e o *processo* parece ter sido o de reter essas informações, na memória, para depois repeti-las.

Será que, de fato, isso é conhecimento e este é o seu processo de apropriação e construção? Não. Mas esse é o senso comum que permeia a maior parte ou a quase totalidade dos atos pedagógicos escolares.

Conhecimento é uma forma de entendimento da realidade; é a compreensão inteligível daquilo que se passa na realidade. Para isso, é claro, podemos e devemos nos utilizar do saber que a humanidade nos legou. Porém, isso não significa que o nosso objetivo de conhecimento se encerre na retenção daquilo que foi dito ou que está escrito. Esses elementos são nossos auxiliares na compreensão da realidade. Mas o que importa é a compreensão da realidade. Por outro lado, o processo de conhecimento é ativo. Não é uma retenção padronizada e acabada de "lições"; ao contrário, é um processo de assimilação ativa dos conhecimentos já estabelecidos e um processo de construção ativa de novas compreensões da realidade. Até mesmo o ato de memorizar é ativo — o *processo de memorização* é ativo. Memorização não significa pura e simplesmente reter alguma coisa, mas encontrar ativamente os mecanismos pelos quais se pode guardar na memória alguma coisa. É mais fácil memorizar a tabuada quando se entende seu mecanismo: a multiplicação é a soma sucessiva do mesmo número. É mais fácil decorar a distribuição das ruas de uma cidade quando nós ativamente estabelecemos pontos de referência.

A prática pedagógica diária pouco tem levado em conta a reflexão crítica sobre o que vem a ser o conhecimento. Na maior parte das vezes ela se fundamenta no senso comum sobre o que seja o conhecimento e o seu processo.

O senso comum pedagógico manifesta um entendimento *idealista* do que seja o conhecimento. É como se o conhecimento não tivesse *história* e não contivesse *acertos e erros*. O que se diz é assumido como se sempre tivesse sido assim. No entanto, o conhecimento *tem história*, está eivado de desvios por interesses de uns ou de outros. Nasceu e continua nascendo em um determinado momento do tempo e terá uma duração. Temos não só que nos apropriar do que já existe como entendimento, mas também assumir o papel de criadores do conhecimento. Só poderemos chegar a um entendimento relativamente adequado do que venha ser o conhecimento e o seu processo se abandonarmos essa posição idealista e ingênua. Importa refletir sobre isso, para assumirmos na prática pedagógica uma conduta relativamente adequada à aprendizagem dos educandos.

2.3 O conteúdo a ser assimilado

Ultimamente, muito se tem discutido e escrito sobre desvios e inverdades expressos nos conteúdos escolares. Por exemplo, Maria de Lourdes Nosela escreveu *As belas mentiras: ideologia subjacente aos textos didáticos*,[2] em que trata dos livros de Comunicação e Expressão; Gildázio Cerqueira Filho e Gizlene Neder[3] discutiram as inverdades veiculadas através dos nossos textos de *História do Brasil*, no artigo "Conciliação e violência na história do Brasil". Muitos outros têm escrito e falado sobre isso. E é por meio desses livros didáticos assumidos acriticamente que ensinamos Português, História, Ciências etc. para nossos alunos.

Os conteúdos dos livros-textos não são os melhores e os mais corretos. No entanto, nos baseamos neles para ensinar e avaliar nossos alunos. Continuamos a exigir dos nossos alunos que repitam erros já reconhecidos. E, se o aluno não repetir, ele estará reprovado. Ou seja, ao nos basearmos no senso comum estabelecido sobre os conteúdos que ensinamos, passamos a exigir que nossos alunos adquiram conhecimentos errados da realidade. Se não errados, ao menos distorcidos.

Para esclarecer essa questão, basta citar alguns exemplos. Diz-se que Pedro Álvares Cabral "descobriu" o Brasil. Será que descobriu ou invadiu? E será que foi Pedro Álvares Cabral ou a classe dominante portuguesa, por intermédio de Pedro Álvares Cabral? Diz-se, em *História do Brasil*, que "expulsamos os estrangeiros: franceses, holandeses, ingleses". E os portugueses, não eram estrangeiros? Diz-se que "Calabar foi o traidor da pátria". Traidor da pátria ou dos interesses portugueses? Diz-se que José Bonifácio foi o "patriarca da Independência do Brasil". Será que foi isso mesmo? Ou será que a Independência se faria, com ou sem José Bonifácio?

Citamos desvios dos conteúdos de História. Porém, eles existem em Ciências, em Matemática, em Geografia etc. O senso comum pedagógico toma por *verdade* aquilo que é uma *forma* de interpretar a realidade.

---

2. Nosela, Maria de Lourdes. *As belas mentiras: ideologia subjacente aos textos didáticos*. São Paulo: Moraes, 1979.

3. Cerqueira Filho, Gildázio e Neder, Gizlene. Conciliação e violência na história do Brasil. In: Revista *Encontros com a Civilização Brasileira*, Rio de Janeiro, Civilização Brasileira, n. 2.

Devido às muitas críticas que se têm feito aos desvios dos conteúdos de ensino, uma posição oposta e ingênua tem sido tomada: a de que não vale a pena ensinar conteúdo algum e deixar que os alunos reflitam sobre o seu dia a dia, para que "tomem consciência" dele. Com isso, praticamente, passou-se a não ensinar nada.

Que crítica é essa que destrói tudo? Onde está a dialética que supera a posição anterior por sua incorporação crítica? Essa é mais uma atitude de senso comum pedagógico. Não é porque muitos dos atuais conteúdos ensinados possuam desvios que não se deva ensinar conteúdo algum. O que importa é recuperar o sentido adequado dos conteúdos escolares e passar a trabalhar a partir deles.

2.4 Material didático

Vinculado à questão do conteúdo, vale lembrar a forma como, em geral, é tomado o livro didático, desde que é por meio dele que fundamentalmente são transmitidos os conteúdos escolares.

Qual é o significado do livro didático na prática pedagógica escolar? No geral, ele tem sido assumido como uma "bíblia", ou seja, como um livro sagrado: tudo o que está escrito nele se assume como verdade. Deve ser essa a atitude a ser assumida diante do livro didático? Será que ele não contém inverdades, reduções e desvios de conhecimentos?

Essa concepção "bíblica" se manifesta, entre outras coisas, pela existência de um *livro do aluno* e um *livro do professor*. E, o professor, infelizmente, se utiliza do livro que a ele é destinado.

O que significa a existência desses livros, que são *quase* que perfeitamente iguais? A pequena diferença está no fato de que o livro do professor traz, além daquilo que está contido no do aluno, as respostas *padronizadas* às questões formuladas para o exercício dos alunos. O professor deverá seguir as *respostinhas* dadas pelo autor do livro. Se o aluno for um pouco além, ele terá uma conduta considerada inadequada. Professor e aluno terão que se *submeter* aos ditames do livro didático e, pois, do seu autor. Mas temos que ser assim submissos intelectualmente?

FILOSOFIA DA EDUCAÇÃO

O senso comum diz que "o que está escrito é verdadeiro". E nos acostumamos a isso de tal forma que perdemos a capacidade de duvidar do que está escrito. O escrito passou a ser "sagrado", um "fetiche", que não pode ser tocado pela dúvida.

Será que os livros didáticos merecem todo esse respeito e submissão? Ou será que devem ser usados sempre de uma forma crítica, como um ponto de partida a ser abordado, discutido, questionado, duvidado? Será que os livros didáticos contêm tantas e tais verdades que devemos nos submeter e submeter os nossos alunos a eles?

Baseados nessas considerações, não vamos cair no extremo oposto e dizer: "então, não vale a pena utilizar livro didático nenhum". Será que esta também não será uma posição ingênua e de senso comum? Já que os livros didáticos não contêm "a" verdade, eles não devem ser utilizados! Ao contrário, eles podem e devem ser utilizados com criticidade, ultrapassando os elementos do senso comum. Ultrapassando, pela crítica, os próprios limites desses livros.

2.5 Métodos e procedimentos de ensino

Aqui, também impera o senso comum.

Se tomarmos um conjunto de planejamentos de ensino de diversos professores veremos que no item denominado "método de ensino" ou "atividade de ensino", invariavelmente, está escrito: aula expositiva, dinâmica de grupo, trabalho dirigido, questionamento oral etc. Generalidades!

Mas será que essas indicações decorrem da reflexão teórica, objetiva, consciente? Ou elas emergiram do "costume" de dizer que os métodos de ensino são esses? Mais propriamente: esse modo de agir não indica a presença do senso comum também naquilo que se refere às questões metodológicas do ensino?

Os planejamentos são produzidos mais ou menos da forma como descrevemos a seguir. No início do ano letivo há uma semana dedicada ao planejamento de ensino. Como é uma atividade obrigatória na escola, tem que ser realizada. Assim, toma-se o formulário de planejamento e cumpre-se a tarefa de preenchê-lo. A atividade é assumida como se fosse de planejamento, mas é executada como um preenchimento de formulário. Começa-se pela coluna de conteúdos, que é a mais fácil. Os conteúdos já estão explícitos e ordenados nos livros didáticos. Basta, para tanto, copiar o índice. A seguir, inventam-se objetivos que casem com os conteúdos indicados. De fato, o planejamento exige o contrário: em primeiro lugar, o estabelecimento dos objetivos e, depois, encontrar os conteúdos que os operacionalizem. As atividades para efetivar esses conteúdos já estão definidas "desde sempre". Por que pensar nelas? Todo mundo dá aulas com exposição, dinâmica de grupo etc. É o senso comum pedagógico que conduz a essa decisão. De fato, o planejamento seria o *momento decisivo* sobre o que fazer; um momento de definição política e científica da ação pedagógica, no caso da educação. Não pode ser feito a partir do senso comum, mas, exclusivamente, com senso crítico.

De fato, sobre métodos e procedimentos de ensino, é preciso agir com critérios definidos e com prudência. Não basta relacionar qualquer coisa num planejamento. Há necessidade de estudar que procedimentos e que atividades possibilitarão, da melhor forma, que nossos alunos atinjam o objetivo de aprender o melhor possível daquilo que estamos pretendendo ensinar.

2.6 Síntese dos elementos do senso comum pedagógico

Até aqui conseguimos estabelecer um conjunto de elementos que nos permitiram *inventariar* conceitos que permeiam e atravessam a atividade docente escolar. São entendimentos do senso comum, que define e orienta a ação pedagógica diária de todos nós. Será que esses são os princípios que queremos levar à frente, que queremos utilizar no direcionamento de nossa prática pedagógica? Será que queremos agir, em educação, sem ter claros nossos objetivos políticos, sem ter claro quem é o educando que está à nossa frente? Sem ter claro o que é o conhecimento e seu processo? Será que, conscientemente, queremos e desejamos utilizar os livros didáticos, com seus respectivos conteúdos, como se eles fossem a pura verda-

FILOSOFIA DA EDUCAÇÃO

de? Será que, como procedimentos de ensino, bastará definir generica-mente modos já "definidos" de técnicas didáticas, tais como exposição, dinâmica de grupo etc.? Ou temos que dar um salto, buscando os melho-res modos de agir para que nossos alunos aprendam da melhor forma aquilo que estamos querendo ensinar?

Nosso *inventário* não é completo nem exaustivo, mas é suficiente para lembrar os limites teóricos nos quais estamos desenvolvendo ou sofrendo atividades educacionais. Tanto como professores como enquanto alunos, passamos pelas experiências aqui sumarizadas.

Nos capítulos seguintes vamos tentar estimular reflexões críticas sobre esses diversos temas. Porém, neste capítulo, nos resta perguntar e tentar responder por que o senso comum permanece, se ele não configu-ra a forma mais adequada de pensamento e conduta.

3. Razões da permanência do senso comum

Como vimos, o senso comum é uma configuração espontânea, frag-mentária e acrítica do pensamento e do entendimento. Não é a melhor nem a mais adequada forma de compreensão da realidade. Mas, por que, então, permanece em nosso meio, oferecendo compreensão e direciona-mento para muitas ações humanas, inclusive a prática pedagógica?

O conhecimento verdadeiro, aquele que desvenda e ilumina as configurações da realidade, fornece aos sujeitos que o possuem um poder de compreensão e ação mais efetivo do que o daqueles que não detêm esse entendimento. O conhecimento objetivo oferece um patamar impor-tante de consciência da realidade. E, à medida que este patamar de en-tendimento e compreensão atinge uma grande massa de pessoas, ele se traduz em um potencial de crítica, de ação renovada, de mudança. Pode mesmo ganhar um traço revolucionário — possibilitará à grande massa, como um bloco, pensar e, possivelmente, agir.

Ora, os poderes constituídos, que representam os interesses do seg-mento dominante da sociedade e o próprio segmento dominante, não desejam, de forma alguma, alimentar elementos de contradição. Preferem a manutenção e a reprodução da situação na qual se encontram, o chamado *status quo*. Assim, para os setores dominantes e conservadores da sociedade, interessa que o senso comum impere em muitos cantos da vida social e cultural, especialmente naqueles que se destinam às grandes massas, como é o caso da educação. Mais que isso: a educação institucionalizada é o setor cultural organizado, responsável pela formação e instrução de crianças e da juventude. Ora essa instituição não poderá, segundo um ponto de vista conservador, trabalhar com base no senso crítico, mas sim com base no senso comum, pois este dá maiores possibilidades de manipulação, devido às mistificações que propicia e mantém.

O senso comum interessa (e muito) à situação conservadora da sociedade em que vivemos, em função de fato de que ele não possibilita o surgimento de uma "massa crítica" de seres humanos pensantes e ativos na sociedade. O senso comum é o meio fundamental para a proliferação da manipulação das informações, das condutas e dos atos políticos e sociais dos dirigentes e dos setores dominantes da sociedade.

Ora, uma educação realizada com base em princípios do senso comum só poderá estar a serviço de uma perspectiva social dominante. Por isso, importa superar o senso comum em todos os setores da vida humana e, no caso, na prática educacional. Aliás, a prática educacional não poderia, nem deveria, de forma alguma, atuar com base em elementos do senso comum, pois tem por objetivo formar consciências e, acreditamos, consciências críticas, capazes de compreender, propor e agir em função de novas perspectivas de vida. Por isso, é preciso filosofar e ultrapassar os limites do senso comum como entendimento e como orientação para a nossa prática.

4. Procedimentos de estudo e ensino

1. Questões para estudo e compreensão do texto

    a) Que se entende por senso comum?

    b) Que se entende por senso crítico?

c) Como se forma o senso comum em cada um de nós?
d) O que significa a ação ser dirigida pelo senso comum?
e) Como se manifesta o senso comum pedagógico escolar no que se refere a educador, educando, conhecimento, material didático, procedimentos de ensino?
f) Por que o senso comum pedagógico permanece orientando nossa prática docente escolar, se ele é precário em termos de formulações?

2. Sugestões de temas para dissertação ou discussão em grupo

a) Senso comum pedagógico e qualidade da prática docente e discente.
b) Senso comum e senso crítico: necessidade e caminhos de superação do senso comum.

3. Sugestões bibliográficas para estudos complementares

GRAMSCI, Antonio. Alguns pontos preliminares de referência. In: *Concepção dialética da história*. Rio de Janeiro: Civilização Brasileira, 1978, p. 11-30; texto já citado como complementar do Capítulo 1 deste livro.

KOSIK, Karel. *Dialética do concreto*. Rio de Janeiro: Paz e Terra, 1969; ver especialmente os três primeiros capítulos.

LUCKESI, Cipriano et al. O conhecimento filosófico e científico. In: *Fazer universidade*: uma proposta metodológica 5. ed. São Paulo: Cortez, 1989.

Capítulo 6

Sujeitos da práxis pedagógica: o educador e o educando

No capítulo anterior, formulamos a compreensão de que, por hábito cultural, o entendimento que se tem do que é ser educador e do que é ser educando não ultrapassa a compreensão espontânea e estereotipada do dia a dia. O "educador é educador" e o "educando é educando"... nada mais que isso, diz o senso comum. São sujeitos que parecem estar definidos desde sempre. Se de fato assim fosse, não haveria razão para tentar ressignificá-los. Seus respectivos conceitos e significados já estariam dados, social e historicamente. Neste caso, seria uma perda de tempo tentar refletir e compreender o que são os sujeitos da prática educativa escolar.

Contudo, sabemos que o conceito de quem é o educador e de quem é o educando não é tão simples nem tão pacífico quanto pode parecer. Ao nível do senso comum, até pode parecer que esse conceito seja linear e simples, porém ao nível de uma compreensão crítica, há que se discutir quem são esses sujeitos.

Neste capítulo, propriamente nos ocuparemos da tentativa de superar o entendimento do senso comum sobre os sujeitos da práxis pedagógica — educador e educando.

Vamos iniciar nossa reflexão por uma discussão do ser humano — quem é ele, como se constitui, quais são suas características — e, posteriormente, abordaremos o educador e o educando como seres humanos que interagem sistematicamente no processo educativo. A razão dessa sequência de tratamento deve-se ao fato de que, como seres humanos, eles participam da mesma natureza social e histórica, distinguindo-se pelo lugar que ocupam na trama das relações sociais: como educador ou como educando.

1. O ser humano

O ser humano se constitui em uma trama de relações sociais, na medida em que ele adquire o seu modo de ser, agindo no contexto das relações sociais nas quais vive, produz consome e sobrevive. Com isso estamos querendo dizer que o ser humano emerge no seu modo de ser dentro de um conjunto de relações sociais. São as ações, as reações, os modos de agir (habituais ou não), as condutas normatizadas ou não, as censuras, as convivências sadias ou neuróticas, as relações de trabalho, de consumo etc. que constituem *prática, social e historicamente* o ser humano. Numa dimensão geral, o ser humano é o "conjunto das relações sociais" das quais participa de forma ativa.

O ser humano é prático, ativo, uma vez que é pela ação que modifica o meio ambiente que o cerca, tornando-o satisfatório às suas necessidades; e enquanto transforma a realidade, constrói a si mesmo no seio de relações sociais determinadas. Na sociedade moderna, o ser humano é um ser prático, que age no contexto da trama das relações sociais desta sociedade que, em última instância, caracteriza-se pela posse ou não de meios sociais de produção.

Consequentemente, o ser humano é social, na medida em que vive e sobrevive socialmente. Vive articulado com o conjunto dos seres humanos de gerações passadas, presentes e futuras. Não se dá isoladamente. A sua prática é dimensionada por suas relações com os outros.

Por último, é um ser histórico, uma vez que suas características não são fixas e eternas, mas determinadas pelo tempo, que passa a ser constitutivo de si mesmo. O ser humano da Idade Moderna não é o mesmo que existiu no período medieval; o ser humano que conhecemos na Bahia do presente certamente é diverso do ser humano da Bahia do século XIX. O ser humano sofre as determinações do tempo histórico; seu corpo, seus sentidos, sua personalidade caracterizam-se pela historicidade.

Em síntese, o ser humano é ativo, vive determinadas relações sociais de produção, em um determinado momento do tempo. Como consequência disso, cada ser humano é propriamente o conjunto das relações sociais que vive, de forma prática, social e histórica.

Para compreender como o ser humano se constitui na dinâmica das relações sociais como ser ativo, social e histórico, poderíamos seguir as observações que Marx faz sobre o trabalho como o elemento essencial constitutivo do ser humano. O agir humano se faz de forma social e histórica, produzindo não só o mundo dos bens materiais, mas também o próprio modo de ser do ser humano.

A essência do ser humano é o trabalho, diria Marx; o trabalho realizado em condições históricas específicas e determinadas.

Porém, ao analisarmos o trabalho, no contexto das relações sociais, verificamos que o trabalho que constitui o ser humano e que o constrói é o trabalho contextualizado dentro de sociedades determinadas. Isso significa que o trabalho deve ser entendido concretamente. Ao constatarmos que hoje temos um ser humano alienado, vale dizer que o trabalho constrói e aliena o ser humano ao mesmo tempo. Esse é o ser humano concreto que conhecemos. E, para compreendê-lo, necessitamos entendê-lo na sua concreticidade histórica, na qual o trabalho tanto o constrói como o aliena.

Didaticamente — e só didaticamente podemos fazer isso —, vamos abordar em separado o trabalho como construtor e como alienador do ser humano. Veremos como o trabalho, em primeiro lugar, é a fonte de construção e, em segundo, fonte de alienação.

O trabalho é entendido como fator de construção do ser humano, porque é por intermédio dele que se faz e se constrói. O ser humano se torna propriamente humano na medida em que, conjuntamente com outros seres humanos, pela ação, modifica o mundo externo conforme suas necessidades, ao mesmo tempo, constrói-se a si mesmo.

Através de sua atividade sobre os outros elementos da natureza, no contexto de um conjunto de relações sociais, constrói bens para satisfazer suas necessidades. Ele é um feixe de necessidades e, para satisfazê-las, age sobre o mundo exterior, transformando-o criativamente, fazendo-o propriamente seu. E enquanto humaniza a natureza pelo seu trabalho, humaniza-se a si mesmo.

Como isso se dá? A ação humana exercida, coletivamente, sobre a natureza possibilita ao ser humano compreender e descobrir o seu próprio modo de agir. A ação prática sobre a realidade desperta e desenvolve o entendimento, a capacidade de compreensão e a emergência de níveis de abstração cada vez mais complexos. O ser humano age sobre o meio ambiente, natural e social e, ao mesmo tempo e subsequentemente, reflete sobre a sua ação, para entender o seu modo de agir; a seguir, volta à ação instrumentalizado por um entendimento mais avançado e assim sucessivamente. Age, reflete, adquire um novo entendimento; com o novo entendimento, volta à ação: ação esta que o obriga a nova reflexão e assim sucessivamente. Por esse processo, o ser humano avança e se humaniza. O seu entendimento e sua ação tornam-se elementos cada vez mais complexos e perfeitos, assim como o próprio ser humano torna-se mais complexo e perfeito. Deste modo, o trabalho é a fonte da humanização do ser humano.

Engels chegou mesmo a escrever um texto que se intitula "Sobre o papel do trabalho na transformação do macaco em homem".[1]

Segundo esse autor, o trabalho

> é a condição básica e fundamental de toda a vida humana; em tal grau que, até certo ponto, podemos afirmar que o trabalho criou o próprio homem.

Foi o trabalho (como atividade criadora) que possibilitou ao ser humano o domínio sobre a natureza, conduzindo-o à independência e ao

---

1. Engels, F. Sobre o papel do trabalho na transformação do macaco em homem. In: Marx e Engels. *Obras escolhidas*. São Paulo: Alfa-Ômega, s/d.

uso das mãos, à vivência gregária e social, ao desenvolvimento e uso da linguagem, ao desenvolvimento dos sentidos e do cérebro, assim como do entendimento sobre a realidade. E Engels conclui sua análise sobre o papel do trabalho na constituição do ser humano, diferenciando-o do animal. E ele diz:

> Resumindo: só o que podem fazer os animais é *utilizar a natureza* e modificá-la pelo mero fato de sua presença nela. O homem, ao contrário, modifica a natureza e a obriga a servir-lhe, *domina-a*. E aí está, em última análise, a diferença essencial entre o homem e os demais animais, diferença que, mais uma vez, resulta do trabalho.[2]

Ou seja, o ser humano se diferencia do animal na sua forma de viver e de se utilizar da natureza, mas essa diferença emergiu de sua própria ação.

Porém, o trabalho não se dá em abstrato; é da sua essência a sua efetivação na história e na sociedade. Esse elemento — o trabalho — que constrói o ser humano não é uma abstração metafísica que existe etérea e abstratamente. Não! O trabalho também é constituído pela dinâmica das relações sociais. Ele é um tipo de trabalho específico, determinado socialmente.

Por isso, historicamente, o ser humano é dimensionado tanto pela complexidade, sagacidade, inteligência, entendimento, quanto pela alienação, pelo afastamento de si próprio, pois que ele é construído pelo trabalho que ao mesmo tempo constrói e aliena.

Não podemos, a não ser para um entendimento didático, separar esses dois elementos do trabalho, ao analisá-lo concretamente: o criativo e o alienado. O trabalho, na nossa sociedade, possui, dentro de si, a contradição de constituir o ser humano, ao mesmo tempo, criando-o e alienando-o.

Essas são faces dimensionadoras do trabalho, dentro da sociedade capitalista. Hoje, o trabalho produtivo não existe a não ser dessa forma.

---

2. Idem.

O trabalho só poderá deixar de ser alienante em uma sociedade que, historicamente, não esteja baseada na exploração de um ser humano por outro ser humano, através da apropriação do produto excedente do seu trabalho. Isso só poderá dar-se na sociedade comunista...

O ser humano, que conhecemos, é dimensionado pelas relações sociais capitalistas. Não é um ser humano abstrato, nem o seu trabalho é uma entidade metafísica.

O ser humano se construiu dentro desta sociedade concreta e, por isso, sofre as suas interferências. A personalidade humana é contraditória como contraditória é a sociedade. Possui a dimensão ativa, criadora, renovadora, assim como a dimensão estática e reprodutora. O ser humano não é o que ele diz de si mesmo, mas aquilo que as condições objetivas da história possibilitam que ele seja. Nossas práticas, nossos atos, nossos entendimentos, nossas emoções, nossas relações possuem as características desta sociedade, com tudo o que ela tem de mais desenvolvido. Ou seja, a personalidade humana é histórica, possui lugar e tempo.

A alienação surge, inicialmente, pela alienação do produto do próprio trabalho, da própria ação. Na sociedade capitalista, a produção que não é consumida denomina-se "excedente". Esse excedente (produzido socialmente pelo conjunto dos trabalhadores) é apropriado apenas por uma parcela da sociedade; por aqueles que detêm os meios de produção. Portanto, parte da força de trabalho dos trabalhadores, que se transforma em produto, não lhes pertence. Esse excedente é posto à venda, como mercadoria, pelos donos do capital, fugindo assim ao controle do produtor. Os produtores perdem o poder de decisão sobre o fruto do seu trabalho, são alienados do controle sobre "o que", "o como", o "para quê", o "para quem" produzem. Veem, portanto, alienada uma parte de si mesmos. Essa é a situação material efetiva.

Porém, a sociedade capitalista torna essa alienação ainda mais perversa, através da compra do trabalho assalariado. O trabalhador produz o necessário para a sua sobrevivência e o excedente para que o capitalista acumule mais riqueza. O trabalhador é obrigado a alienar o produto material do seu trabalho e, junto com ele, sua consciência. Deste modo, a sociedade capitalista, por meio do trabalho, consegue a alienação não só material mas também espiritual do trabalhador.

Mas é nesta situação que se dá a contradição que abre a possibilidade para a mudança. Ou seja, o trabalho que aliena contém dentro de si a criatividade e a possibilidade da autoconstrução do ser humano. Assim, o trabalho, nesta sociedade, tanto constrói quanto aliena o ser humano.[3]

Ao considerar o ser humano, nesta perspectiva, importa ter presente que ele é um ser de relações e, portanto, a comunicação é uma necessidade e um fator constitutivo. Pela comunicação, por intermédio dos seus variados mediadores, os seres humanos comunicam-se e transmitem a sua experiência. Por isso, nem todas as aprendizagens, que ao longo do tempo configuram cada ser humano individual, necessariamente ocorrerão exclusivamente através do trabalho produtivo (= trabalho que produz lucro); elas ocorrerão sempre de uma forma ativa, que pode ser mediada pela comunicação — pela transmissão e pela assimilação ativa da experiência.

Esses elementos atingem todos os seres humanos, incluindo, é claro, o educador e o educando, sujeitos do processo de ensino e aprendizagem.

Podemos concluir, sinteticamente, que o ser humano manifesta-se (1) ativo (ele trabalha e modifica o meio ambiente para atender a suas necessidades); (2) construído por sua atividade (enquanto age, se autoconstrói); (3) dentro de relações sociais determinadas (condicionantes que atuam sobre ele); e (4) como construtor da própria sociedade (utilizando-se das contradições desta).

Educador e educando, como seres individuais e sociais ao mesmo tempo, constituídos na trama contraditória de consciência crítica e alienação, interagem no processo educativo. Eles são sujeitos da história na medida em que a constroem ao lado de outros seres humanos, em um contexto socialmente definido e são objetos da História na medida em que sofrem a sua influência.

---

3. Sobre a questão do trabalho como fator construtivo e como fator alucinante do ser humano, vale a pena consultar de Marx: *Manuscritos econômicos e filosóficos* e *O capital* (especialmente o Livro I); de Marx e Engels, *A ideologia alemã*.

Em termos de ação educativa, o educador, com os seus determinantes, será aquele que tem a responsabilidade de dar a direção ao ensino e o educando aquele que, participando do processo, aprende e se desenvolve, formando-se tanto como sujeito ativo de sua história pessoal quanto como da história humana. O educador, por encontrar-se em um nível mais elevado de desenvolvimento das suas capacidades e por deter um patamar cultural mais elevado, deverá ocupar o lugar de estimulador do avanço do educando. É no contexto de relações sociais definidas que educador e educando se relacionam, realizando o processo educativo.

2. Os sujeitos da práxis pedagógica

2.1 O educador

Quem é o educador e qual o seu papel?

Em primeiro lugar, é um humano e, como tal, é construtor de si mesmo e da história por intermédio da ação; é determinado pelas condições e circunstâncias que o envolvem. É criador e criatura ao mesmo tempo. Sofre as influências do meio em que vive e com elas se autoconstrói.

Em segundo lugar, além de ser condicionado e condicionador da história, ele tem um papel específico na relação pedagógica, que é a relação de docência.

O que isso significa?

Na práxis pedagógica, o educador é aquele que, tendo adquirido o nível de cultura necessário para o desempenho de sua atividade, dá direção ao ensino e à aprendizagem.[4] Ele assume o papel de mediador entre a cultura elaborada, acumulada e em processo de acumulação pela hu-

---

4. Sobre o papel do educador ver os seguintes livros de Georges Snyders: *Pedagogia progressista* (Lisboa: Almedina) e *Para onde vão as pedagogias não diretivas* (Lisboa: Moraes). Em ambas as obras dar atenção especial ao último capítulo, em que o autor apresenta sinteticamente o seu ponto de vista.

manidade, e o educando. O professor fará a mediação entre o coletivo da sociedade (os resultados da cultura) e o individual do aluno. Ele exerce o papel de um dos mediadores sociais entre o universal da sociedade e o particular do educando.

Para que possa exercer esse papel, o educador deve possuir conhecimentos e habilidades suficientes para poder auxiliar o educando no processo de elevação cultural. Deve ser suficientemente capacitado e habilitado para compreender o patamar do educando. E, a partir dele, com todos os condicionamentos presentes, trabalhar para elevá-lo a um novo e mais complexo patamar de conduta, tanto no que se refere ao conhecimento e às habilidades, quanto no que se refere aos elementos e processos de convivência social.

Para tanto, o educador deve possuir algumas qualidades, tais como: compreensão da realidade com a qual trabalha, comprometimento político, competência no campo teórico de conhecimento em que atua e competência técnico-profissional.

Em primeiro lugar, o educador dificilmente poderá desempenhar seu papel na práxis pedagógica se não tiver uma certa compreensão da realidade na qual atua. Precisa compreender a sociedade na qual vive, através de sua história, sua cultura, suas relações de classe, suas relações de produção, suas perspectivas de transformação ou de reprodução. Enfim, o educador não poderá ser ingênuo no que se refere ao entendimento da realidade na qual vive e trabalha. Caso contrário, sua atividade profissional nada mais será que reprodutora da sociedade via o senso comum hegemônico.

Em segundo lugar, o educador precisa ter comprometimento político com o que faz. Compreendendo a sociedade em que vive, terá clareza daquilo com que está comprometida a sua ação. Não poderá agir sem esse comprometimento explícito (explícito ao menos para si mesmo, se não quer torná-lo público). Em outro momento dessa discussão dissemos que o educador que afirma não possuir posicionamento político assume o posicionamento dominante dentro da sociedade — no caso da nossa sociedade, um posicionamento burguês.

A ação do educador não poderá ser executada de qualquer forma, como se toda e qualquer forma fosse suficiente para que ela possa ser bem realizada. Ela só poderá ser bem realizada se tiver um compromisso político que a direcione. Ou seja, o educador só tem duas opções: ou quer a permanência desta sociedade, com todas as suas desigualdades, ou trabalha para que a sociedade se modifique.

Em terceiro lugar, o educador necessita conhecer bem o campo científico com o qual trabalha. Se ensina Matemática, deve conhecer bem este campo; se ensina História, deve conhecê-la bem — enfim, seja lá qual for o campo teórico com o qual trabalhe, o educador tem necessidade de possuir competência teórica suficiente para desempenhar com adequação sua atividade. Não pode, de forma alguma, mediar a cultura de sua área se não detiver os conhecimentos e as habilidades que a dimensionam. Não é apenas com os rudimentos de conhecimentos adquiridos nos livros didáticos que um educador exerce com adequação o seu papel. O livro didático é útil no processo de ensino, mas ele nada mais significa do que uma cultura científica estilizada. É muito pouco para o educador que deseja e necessita deter os conhecimentos de sua área.

Em quarto lugar, o educador deve deter habilidades e recursos técnicos de ensino suficientes para possibilitar aos alunos a sua elevação cultural através da apropriação da cultura elaborada. Ensinar não significa, simplesmente, ir para uma sala de aula onde se faz presente uma turma de alunos e "despejar" sobre ela uma quantidade de conteúdos. Ensinar é uma forma técnica de possibilitar aos alunos a apropriação da cultura elaborada da melhor e mais eficaz forma possível. Para tanto, será necessário deter recursos técnicos e habilidades de comunicação que facilitem a apropriação do que se comunica. O educador necessita possuir habilidades na utilização e aplicação de procedimentos de ensino.

Por último, esses elementos todos se completam com uma habilidade que denominamos "arte de ensinar". É preciso desejar ensinar, é preciso querer ensinar. De certa forma, é preciso ter paixão nessa atividade. Gramsci lembra que os intelectuais, na maior parte das vezes, esquecem-se do sentimento em suas atividades. É preciso estar em sintonia afetiva com aquilo que se faz. Um professor que faz de sua atividade apenas uma

FILOSOFIA DA EDUCAÇÃO

mercadoria dificilmente será um professor comprometido com a elevação cultural dos educandos. O salário não paga o trabalho que temos. Por isso, torna-se importante, além da competência teórica, técnica e política, uma paixão pelo que se faz. Uma paixão que se manifeste, ao mesmo tempo, de forma afetiva e política. Sem essa forma de paixão, as demais qualidades necessárias ao educador tornam-se formais e frias. O processo educativo exige envolvimento afetivo. Daí vem a "arte de ensinar", que nada mais é que um desejo permanente de trabalhar, das mais variadas e adequadas formas, para a elevação cultural dos educandos.

Para ser educador não basta ter contrato de trabalho em uma escola particular ou um emprego de funcionário público. É preciso competência, habilidade e comprometimento. Ninguém se faz professor, do dia para a noite, sem aprendizagem e preparação satisfatórias.

Em síntese, para exercer o papel de educador, é preciso compromisso político e competência técnica.[5]

2.2 O educando

O educando, como o educador, é caracterizado pelas múltiplas determinações da realidade. Ou seja, é um sujeito ativo que, pela ação, ao mesmo tempo se constrói e se aliena. Ele é um membro da sociedade como qualquer outro sujeito, tendo caracteres de atividade, socialidade, historicidade, praticidade.

Na relação educativa, dentro da práxis pedagógica, ele é o sujeito que busca uma nova determinação em termos de patamar crítico da cultura elaborada. Ou seja, o educando é o sujeito que busca adquirir um novo patamar de conhecimentos, de habilidades e modos de agir. É para isso que busca a escola. Ir à escola, forma institucionalizada de educação na sociedade moderna, não tem por objetivo a permanência no estágio cultural em que se está, mas, sim, a aquisição de um patamar novo, a

---

5. Ver Mello, Guiomar Namo de. *Magistério do 1º grau: do compromisso político à competência técnica*. São Paulo: Cortez, 1983.

partir da ruptura que se processa pela assimilação ativa da cultura elaborada. A cultura espontânea é insuficiente para a sociedade moderna, que exige dos indivíduos novos níveis de entendimentos por meio da educação formalizada. Isso não significa uma condenação ao autodidatismo. Ocorre que o autodidatismo, no que se refere ao acesso à cultura elaborada, exige iniciação escolar ou, ao menos, iniciação preliminar de leitura, escrita, raciocínio numérico etc. A cultura elaborada, hoje, exige a escolarização, como instância pedagógica.

Nessa perspectiva, o educando não deve ser considerado, pura e simplesmente, como massa a ser informada, mas sim como sujeito, capaz de construir-se a si mesmo, através da atividade, desenvolvendo seus sentidos, entendimentos, inteligência etc. São as experiências e os desafios externos que possibilitam ao ser humano, por meio da ação, o crescimento, o amadurecimento. O mundo externo exige uma ruptura com a condição existente, sem suprimir todos os seus elementos. Há uma continuidade dos elementos anteriores e, ao mesmo tempo, uma ruptura, formando o novo. O velho não é suprimido, mas sim incorporado ao novo. Para exemplificar, não suprimimos a cultura espontânea para, em seu lugar, colocar a cultura elaborada. A cultura elaborada, que cada um detém, é uma síntese nova de sua cultura anterior, revivificada pela apropriação e assimilação da cultura elaborada. Quando uma criança aprende um modo novo de executar uma brincadeira, não suprime o modo anterior; ao contrário, incorpora o modo anterior ao novo modo de execução. É o novo que nasce do velho, incorporando-o, por superação.

O educando é um sujeito que necessita da mediação do educador para reformular sua cultura, para tomar em suas próprias mãos a cultura espontânea que possui, para reorganizá-la com a apropriação da cultura elaborada.

Assim, o educando é um sujeito possuidor de capacidade de avanço e crescimento, só necessitando para tanto da mediação da cultura elaborada, que possibilita a ruptura com o seu estado espontâneo.

Disso decorre que o educando nem possui todo o saber, nem é pura ignorância. Ele detém uma cultura que adquiriu espontaneamente no seu dia a dia, porém limitada ao circunscrito e ao espontâneo. A função da mediação da cultura elaborada é possibilitar a ruptura com esse estado de coisas. A não apropriação da cultura elaborada faz com que os sujeitos humanos permaneçam profundamente carentes de entendimento e consciência. Entender de construção e uso de arco e flecha é muito interessante, porém insuficiente na luta contra quem possui arma de fogo. Foi exatamente isso que possibilitou que portugueses e espanhóis dizimassem os indígenas das Américas do Sul e Central.

Assim, no trabalho escolar, o educador deve estar atento ao fato de que o educando é um sujeito, como ele, com capacidade de ação e de crescimento — e, por isso, um sujeito com capacidade de aprendizagem, conduta inteligente, criatividade, avaliação e julgamento.

É preciso compreender o educando a partir de seus condicionantes econômicos, culturais, afetivos, políticos etc., se se quer trabalhar adequadamente com ele.

3. Conclusão: relação educador-educando

Tomando por base as características fundamentais do educador e do educando, como seres humanos e como sujeitos da práxis pedagógica, verificamos que o papel do educador está em criar condições para que o educando aprenda e se desenvolva, de forma ativa, inteligível e sistemática.

Para tanto, o educador, de modo algum, poderá obscurecer o fato de que o educando é um sujeito ativo e que, para que aprenda, deverá criar oportunidades de aprendizagens ativas, de tal modo que o educando desenvolva suas capacidades cognoscitivas assim como suas convicções afetivas morais, sociais, políticas.

O educador, como sujeito direcionados da práxis pedagógica escolar, deverá, no seu trabalho docente, estar atento a todos os elementos necessários para que o educando efetivamente aprenda e se desenvolva. Para isso, além das observações aqui contidas, deverá ter presente os resultados das ciências pedagógicas, da didática e das metodologias específicas de cada disciplina.

O planejamento, a execução e avaliação do ensino serão insatisfatórios se não forem processados dentro de mínimos parâmetros de criticidade.

O estudo deste capítulo tem por intenção chamar a atenção de educadores e de futuros educadores para o fato de que os sujeitos da práxis pedagógica não estão dados definitivamente, mas sim que eles devem ser permanentemente repensados e recompreendidos, se quisermos produzir uma ação docente-discente de forma crítica.

4. Procedimentos de estudo e ensino

1. Questões para estudo e compreensão do texto

a) Como se entende que o ser humano é um ser ativo e que ele se constrói na mesma medida em que age sobre a natureza transformando-a para satisfazer suas necessidades?

b) Como se entende que a mesma atividade que possibilita ao ser humano construir-se possibilita também a sua alienação?

c) Como o ser humano ao mesmo tempo, construindo-se e alienando-se, constrói a sociedade em que vive?

d) Que características deve ter o educador, como um dos sujeitos ativos do ato pedagógico? Concorda com elas? Por quê?

e) Que características possui o educando, também como sujeito ativo do ato pedagógico?

f) Como educador e educando — sujeitos ativos do ato pedagógico — podem relacionar-se democraticamente?

2. Sugestões de temas para dissertação ou discussão em grupo

a) Como se pode entender uma relação democrática na prática docente.

b) Educador e educando como sujeitos ativos do processo pedagógico.

3. Sugestões bibliográficas para estudos complementares

ENGELS, Friedrich. Sobre o papel do trabalho na transformação do macaco em homem. In: MARX, Karl; ENGELS, Friedrich. *Obras escolhidas.* São Paulo, Alfa-Ômega, s/d. v. 2, p. 267-80.

SANCHEZ VASQUEZ, Adolfo. O conceito de essência humana. *Filosofia da práxis.* Rio de Janeiro: Paz e Terra, 1977, p. 415-432.

SANTOS, Maria Luiza Ribeiro. *Formação política do professor de 1º e 2º graus.* São Paulo: Cortez/Autores Associados, 1984. Ver os dois primeiros capítulos; denominados: "Escola", p. 21-44, e "O professor", p. 45-66.

Capítulo 7

O conhecimento: elucidações conceituais e procedimentos metodológicos

Na prática docente, como abordamos anteriormente, muitas vezes se exercita o ensino sem se perguntar o que é o conhecimento, seu sentido, seu significado. Para um exercício satisfatório do ensino, entre outros elementos fundamentais — como Psicologia e Sociologia da Educação, recursos metodológicos para o ensino etc. —, é importante, também, possuir uma teoria *do conhecimento.* Teoria do conhecimento nada mais é do que *um entendimento do que vem a ser o conhecimento,* seu processo, seu modo de ser. Assim, vamos discutir o conhecimento, para nos apropriarmos do seu sentido, de tal forma que tenhamos a possibilidade de utilizá-lo da melhor maneira possível em nossas atividades docentes. No Capítulo 5, denunciamos o senso comum que paira sobre essa questão na prática escolar. Aqui, desejamos abordar criticamente esse tema, por isso o retomamos de forma nova e mais aprofundada.

1. O conhecimento

Quando se pergunta a alguém o que é conhecimento, a primeira — e a mais comum — resposta que obtemos é que conhecimento é aquilo que aprendemos nos livros, nas conferências... A resposta não está de todo inadequada. Porém, há um elemento que está na raiz do que denominamos conhecimento e que importa compreender para que essa definição fique mais adequada.

O conhecimento é a compreensão inteligível da realidade, que o sujeito humano adquire através de sua confrontação com essa mesma realidade. Ou seja, a realidade exterior adquire, no interior do ser humano, uma forma abstrata pensada, que lhe permite saber e dizer o que essa realidade é. A realidade exterior se faz presente no interior do sujeito do pensamento. A realidade, por meio do conhecimento, deixa de ser uma incógnita, uma coisa opaca, para se tornar algo compreendido, translúcido.

Um exemplo: quando nos deparamos com algo que desconhecemos, ficamos magnetizados. Ou seja, nem podemos descartar o que está à nossa frente, nem sabemos o que fazer desde que ignoramos tudo sobre esse objeto.

Vamos, a título de exemplo, imaginar à nossa frente um computador e supor que nunca tenhamos tido contato com equipamento semelhante. O que fazer com ele? Por enquanto, nada: não há o que fazer, pois desconhecemos tudo sobre ele e o seu funcionamento. Com a ajuda de um manual e de alguém que já trabalhou com esse instrumento, podemos tentar, aos poucos, utilizá-lo; e, após algum tempo, estaremos dominando-o e utilizando-o adequadamente. O que ocorreu? Passamos da ignorância para o saber sobre o objeto e adquirimos algum entendimento, de tal forma que ele se tornou inteligível.

Tomemos algo mais existencial, como a questão do câncer. Há uma ignorância muito grande entre os especialistas sobre o que é e como dominar esse desvio biológico, que tem se manifestado tão intensamente nos seres humanos nos últimos tempos. Se soubéssemos o que é câncer e o modo de dominá-lo, ele não nos assustaria tanto. Outras doenças, que também assustavam o ser humano, deixaram de ser temidas depois de serem dominados os modos de vencê-las. É o caso da tuberculose, da lepra etc. No passado, os portadores dessas doenças deviam afastar-se de sua família, indo para isolamentos sanitários. Hoje, o tratamento não requer mais o isolamento.

Portanto, o conhecimento pode ser entendido, sim, como aquilo que adquirimos nos livros, nas aulas e nas conversas, mas com o objetivo de alcançar entendimento da realidade. O que está em primeiro lugar, o que está na raiz do conhecimento, é a elucidação da realidade e não a retenção de informações contidas nos livros. Essas informações deverão ser auxiliares no entendimento da realidade; contudo, elas por si mesmas não são o conhecimento que cada sujeito humano, em particular, tem da realidade. É preciso utilizar-se das informações de maneira intelectualmente ativa, para que se transformem em efetivo entendimento do mundo exterior.

A expressão "o conhecimento é uma elucidação da realidade" nos dá esclarecimentos muito importantes, que permitem entender, de uma forma relativamente adequada, o que é o conhecimento. A palavra "elucidar" tem origem no latim e provém de dois termos dessa língua: ela é formada pelo prefixo *e*, que neste caso significa "reforço", "muitas vezes", e pelo *lucere*, que significa "trazer à luz". Desse modo, elucidar, do ponto de vista etimológico, significa "trazer à luz duas vezes", ou "trazer à luz fortemente". Elucidar é, então, "trazer à luz fortemente". Estamos falando da luz como linguagem metafórica, figurada, para expressar a "luz" que a inteligência projeta sobre a realidade. Se não detemos o entendimento sobre o câncer, é porque a inteligência humana não conseguiu ainda projetar sobre ele sua "luz" cognitiva, penetrar esse fenômeno. Por outro lado, se detemos entendimentos sobre a tuberculose, é devido ao fato de a inteligência humana já ter penetrado nesse "mistério" da realidade.

Nossa incapacidade de trabalhar com determinados objetos decorre, fundamentalmente, de nossa ignorância sobre eles e sobre os recursos a serem utilizados em sua transformação.

Para compreender bem o conhecimento como forma de "iluminação" da realidade, vamos lembrar uma situação de vivência biológica pela qual todos já passamos. A situação é a seguinte: estamos sob o sol de 10 horas da manhã e entramos em uma sala que está em penumbra. De imediato, paramos, sentimo-nos inseguros devido ao "escurecimento da vista", decorrência de um processo de acomodação da retina. De início, não enxergamos nada, mas, após algum tempo, começamos a enxergar vultos e, a seguir, reiniciamos nosso movimento de entrada. Por que isso ocorreu?

Devido a, momentaneamente, não enxergarmos mais nada e perdermos o senso dos objetos que poderiam estar pelo caminho. Reiniciamos o caminhar porque temos luz suficiente para distinguir o que fazer, que movimentos são necessários para não esbarrar nos objetos à nossa volta.

Em termos de conhecimento ocorre, num outro patamar, mais ou menos a mesma coisa. Aqui temos um exemplo biológico, colado à sensação física. No caso do conhecimento, temos um patamar de "iluminação" que envolve a inteligência, que envolve a compreensão. O câncer, a Aids e tantas outras coisas que não dominamos cognitivamente são escuridões que estão à nossa frente e que não nos permitem agir de forma adequada. O conhecimento é o entendimento que permite ações adequadas para a satisfação de nossas necessidades, sejam elas físicas, biológicas, estéticas ou outras.

O conhecimento, em síntese, é uma forma de entendimento da realidade. Muitas vezes, o conhecimento é confundido com o processo de decorar informação dos livros, para a seguir, repeti-la em provas escolares ou em provas de seleção. Isso não é conhecimento. Isso é memorização de informação, sem saber o que, de fato, essa informação significa.

Então, quando dizíamos acima que a afirmação "conhecimento é aquilo que adquirimos nos livros..." não estava de todo inadequada, era pelo fato de que muitos conhecimentos são adquiridos através dos livros e outros meios, mas como compreensão, como "iluminação" da realidade e não como retenção aleatória de pequenas informações. Conhecimento, no verdadeiro sentido do termo, é aquele que possibilita uma efetiva compreensão da realidade, de tal forma que permite agir com adequação.

2. Formas de apropriação da realidade através do conhecimento

Existem duas formas[1] de nos apropriarmos da realidade pelo conhecimento: uma, através da investigação direta da realidade; e outra, através

---

1. Sobre a dupla forma — direta e indireta — de proceder ao conhecimento poder-se-á ver Luckesi, Cipriano et al. "O leitor no ato de estudar a palavra escrita". In: *Fazer universidade. uma propos-*

da exposição dos conhecimentos já produzidos e apresentados por seus autores. Marx nos diz que dois são os métodos do conhecimento: o da investigação e o da exposição.

Segundo esse autor:

> É mister, sem dúvida, distinguir, formalmente, o método de exposição do método de pesquisa. A investigação tem de apoderar-se da matéria, em seus pormenores, de analisar suas diferentes formas de desenvolvimento, e de perquirir a conexão íntima que há entre elas. Só depois de concluído esse trabalho, é que se pode descrever, adequadamente, o movimento do real. Se isso se consegue, ficará espelhada, no plano ideal, a vida da realidade pesquisada, o que pode dar a impressão de uma construção *a priori*.[2]

Vamos tentar entender esses dois métodos anunciados por Marx para, a seguir, prosseguir em nossa discussão. Em primeiro lugar, Marx apresenta o método da investigação. Essa ordem de apresentação, evidentemente, não é gratuita. Com ela, Marx quer enfatizar que o conhecimento, em si, nasce de um trabalho de entendimento da própria realidade. Só depois, ele pode ser exposto, comunicado aos outros. Ou seja, só após os exercícios de investigação é que temos a possibilidade de expor o entendimento que criamos da realidade. Para tanto, o exercício da pesquisa deverá ser o mais rigoroso possível, de tal forma que possibilite a construção de um entendimento que seja, no nível do pensado, a expressão dessa mesma realidade. Evidentemente não como cópia dela, mas sim, como sua compreensão inteligível. O conhecimento é a expressão do real, mas não sua cópia.

Isso traz uma consequência para o processo educativo. Pode-se aprender a partir da investigação direta e apropriação ativa da exposição do conhecimento efetivada por outros. Mas, certamente porque o método de investigação nem sempre poderá ser utilizado no curto espaço de tempo que se dispõe dentro dos limites escolares, o método mais frequen-

---

ta metodológica. São Paulo: Cortez, 1984. Ainda: Freire, Paulo. O ato de ler. In: *Ação cultural para a liberdade*. Rio de Janeiro: Paz e Terra; e *Importância do ato de ler*. São Paulo: Cortez/Autores Associados, 1984.

2. Marx, Karl. *O capital*, Livro I, v. 1. Rio de Janeiro: Civilização Brasileira, 1966. p. 16.

temente utilizado será o da exposição, seja oral, seja escrita, ou ainda através de outros meios de comunicação.

2.1 O conhecimento direto da realidade (método da investigação)

O conhecimento direto da realidade decorre do esforço que o sujeito do conhecimento faz para obter um entendimento adequado da mesma. Para tanto, ele deverá assumir uma posição crítica durante todo o processo.

Para a produção do conhecimento da realidade, a primeira posição a ser assumida pelo sujeito é uma crítica dos próprios fenômenos da realidade a ser investigada. Ou seja, em princípio, importa que o investigador tenha claro que a realidade não se dá a conhecer imediata e facilmente. Ela tem subterfúgios e manifesta suas aparências, mas não sua essência.

Vamos iniciar por um exemplo bem simples. Em muitas situações do dia a dia, dizemos que "a lã é quente". Será que a lã é quente mesmo? De fato, a lã não é quente; ela é, sim, boa retentora de temperatura. Quente é o nosso corpo. Se sobre ele colocamos uma veste de lã, que é boa retentora de temperatura, o nosso corpo fica mais protegido do frio devido a ficar envolvido pelo seu próprio calor, retido pela vestimenta de lã. Na aparência, a lã é quente; na essência, ela é boa retentora de temperatura. O conhecimento que quer ser verdadeiro deve ultrapassar as aparências e chegar à essência. Não basta ficar na primeira e primária impressão. Os fenômenos, por si, não manifestam veracidade.

Para dar um exemplo mais complexo de situação onde podemos nos enganar com as aparências, vamos lembrar "as estruturas do poder das instituições". Qualquer governo de Estado, qualquer prefeitura, qualquer secretaria, assim como qualquer escola, tem um organograma (aquele desenho da distribuição dos órgãos e setores da instituição, com as diversas direções do poder). O organograma, por si, seria a forma como o poder se distribui dentro daquela determinada instituição. Se, contudo, estudar mais rigorosamente, verificaremos que esse organograma é a organização "aparente" do poder dessa instituição. De fato, a distribuição do poder é bem diferente dessa que está especificada no organograma. Existem interferências pessoais, articulações diversas e indevidas etc. Para descobrir a verdadeira estrutura do poder de uma instituição não basta estudar o seu organograma. É preciso ir além, descobrir efetivamente o que ocorre com o poder naquela instituição, que caminhos segue, que interferências efetivas se manifestam, muito para além daquilo que está expresso no organograma. Aí é que entra o processo de investigação, que possibilita ultrapassar as aparências e chegar às essências. O essencial não se dá à primeira vista. Por isso, é preciso ser crítico em relação aos dados.

Marx diz que, se aparência e essência coincidissem, não seria necessária a ciência. De fato, a ciência só é necessária porque a realidade não se dá a conhecer facilmente. As aparências, que são manifestações da própria realidade, ocultam a verdade dessa mesma realidade. Assim, a primeira posição metodológica de quem quer se dedicar a elucidar o real deve ser uma atitude crítica para com as aparências da realidade. Assumir a posição crítica para efetivamente conhecer significa assumir um posicionamento permanente de ir para além das aparências, buscando aquilo que subjacentemente explica a realidade através dos nexos e das relações que são invisíveis num primeiro momento.

Uma segunda posição metodológica por parte de quem deseja investigar alguma coisa refere-se à crítica do senso comum. Ou seja, torna-se fundamental criticar as interpretações cotidianas sobre aquilo que estamos estudando. Não se pode, direta e imediatamente, acreditar que aquilo que as pessoas dizem sobre si mesmas seja a verdade. É preciso olhar criticamente para as opiniões que o presente tem sobre os objetos que ele interpreta. Não bastam as falas. É necessário investigar se essas falas estão articuladas com a objetividade dos fatos, ou se simplesmente expressam interpretações, se não falsas, ao menos parciais, da realidade. Não se pode admitir, pura e simplesmente, a opinião popular como explicativa de alguma coisa. Ela é sempre fragmentária e, na maior parte das vezes, está articulada com experiências existenciais dogmáticas e supersticiosas. De acordo com Gramsci, não se deve condenar a visão cotidiana da realidade, mas deve-se sim, tomá-la criticamente nas mãos, para elevá-la a um novo patamar de compreensão, que seja coerente, consistente e orgânico.

O terceiro elemento metodológico necessário para a constituição de um conhecimento objetivo é a crítica das explicações existentes no meio científico. Não se pode desprezar os conhecimentos já estabelecidos, assim como não se pode admiti-los como plenamente verdadeiros. A verdade, sendo aproximativa, deverá ser permanentemente buscada. É preciso verificar criticamente aquilo que é verdadeiro e significativo. Esse lado não pode ser jogado fora. Como também importa descartar aqueles conceitos que já não explicam mais a realidade. Os conhecimentos científicos existentes representam passos dados pela humanidade no seu esforço permanente de compreender a realidade para transformá-la. Isso, como podemos deduzir dessas discussões, não quer dizer que devamos, pura e simplesmente, aceitar ou rejeitar todo conhecimento estabelecido. Sendo aproximativos, os conhecimentos serão revistos. Há o que deva ser aproveitado criticamente, como há o que deva, também criticamente, ser descartado.

Para enfrentar a realidade criticamente, levando em consideração os elementos que apontamos, importa utilizar recursos metodológicos gerais. Vamos lembrar alguns deles.

Não tomar a parte pelo todo. Não se pode julgar um indivíduo simplesmente por ter visto o seu rosto. Ele possui muitos outros caracteres, que compõem o todo de sua personalidade e do seu modo de ser. Também a vida de um povo não pode ser julgada simplesmente pelas suas festas. Muitos outros elementos devem entrar nesse processo de caracterização e de julgamento. Para se estabelecer um conhecimento aproximativo do real, importa tomar cada coisa pelo todo, ou seja, por todos os elementos que o compõem dentro de um quadro de nexos e relações. Importa desvendar as relações que constituem o objeto de estudo.

Não tomar o particular pelo universal, mas sim procurar no particular o universal. Ou seja, em cada objeto a ser estudado, importa descobrir as características universais. Não são os caracteres individuais da personalidade de Pedro que definem o ser humano, mas certamente em Pedro manifestam-se características universais do ser humano, situado social e historicamente. A ciência é a descoberta do universal que se manifesta no particular. As características das classes trabalhadoras se manifestam em qualquer trabalhador. A identificação desses elementos universais é necessária para a constituição de uma compreensão direta da realidade.

Não se pode esquecer que o passado se faz presente em qualquer situação ou objeto do conhecimento ao qual nos dediquemos. Nada se faz abruptamente. Todos os fenômenos naturais ou sociais têm uma gênese, uma história. E essa história, essa gênese é fundamental para se entender o objeto que estamos estudando. Assim, a escola que temos hoje não é a mesma de ontem; mas a escola de hoje é devedora da de ontem. E, em termos de conhecimento, não vamos conseguir compreender bem a escola de hoje sem estudá-la a partir de sua transformação de ontem para hoje. Nós, em nossa personalidade individual, somos fruto de toda a nossa história de vida. E, assim, cada fenômeno, seja ele da sociedade, ou da natureza.

Levando em conta esses elementos estaremos em condições de produzir um conhecimento aproximadamente verdadeiro da realidade, compreendendo-a e explicando-a. O conhecimento, assim, se manifestará como a iluminação da essência sob a aparência.[3]

O conhecimento produzido de modo crítico, certamente, será uma iluminação da realidade. Ele consistirá em um novo entendimento da realidade, que possibilitará ações práticas com um nível de adequação muito maior. A ciência é uma forma de entendimento da realidade extremamente necessária para a sobrevivência e o avanço da humanidade.

2.2 O conhecimento indireto da realidade (método da exposição)

O método de exposição anunciado por Marx é o meio pelo qual o investigador expõe os conceitos que conseguiu formular sobre a realida-

---

3. Sobre ouso de método dialético na investigação, ver Ianni, Octávio. *Dialética e capitalismo*. Petrópolis: Vozes, 1988.

de investigada. Ou seja, o pesquisador expõe a expressão "pensada" da realidade. Todavia, a exposição é também o meio pelo qual podemos nos apropriar, através de uma assimilação ativa, dos conhecimentos expostos. Os pesquisadores desenvolveram suas investigações, formularam suas explicações da realidade e as expuseram, seja por meio da fala, seja por meio da escrita. Nós assimilamos o conteúdo dessas exposições, na perspectiva de entendermos a realidade. É a isso que denominamos "conhecimento indireto da realidade", devido ao fato de adquirirmos um entendimento do real através do entendimento exposto pelo pesquisador. E, portanto, uma via indireta de enfrentar a realidade do ponto de vista cognitivo.

No conhecimento denominado direto, a confrontação cognitiva se dá entre sujeito do conhecimento e objeto conhecido. No conhecimento denominado indireto a confrontação se dá entre sujeito do conhecimento e objeto conhecido por meio da exposição do investigador. Assim, o que está exposto em um texto, em um livro, não substitui, de forma alguma, a realidade. A exposição é intermediária entre o sujeito do conhecimento e a realidade. É um meio eficiente pelo qual podemos adentrar em muitos dos mistérios da realidade física e da realidade social, sem que tenhamos que proceder aos longos e minuciosos processos da investigação. Aliás, nenhuma de nossas vidas seria suficiente em termos de duração, nem teríamos competência, para proceder a tantas investigações quanto as que ocorrem diariamente no mundo da ciência e da cultura. Seria um sonho vão acreditar que poderíamos, ao menos, reconstituir uma pequena parcela das pesquisas já realizadas em qualquer das possíveis áreas de conhecimento.

Temos mesmo que admitir com muita clareza que a maior parte do conhecimento que cada um de nós detém foi adquirida a partir da exposição de algum pensador pesquisador ou professor. Poucos de nós nos dedicamos a criar novos conhecimentos, e poucos, proporcionalmente à quantidade de seres humanos, são aqueles que se dedicam efetivamente ao trabalho de produzir conhecimentos novos. Um caminho aberto e fundamental de apropriação de uma compreensão da realidade, disponível a todos nós, é o conhecimento indireto. E a aquisição da realidade

FILOSOFIA DA EDUCAÇÃO

através dos resultados dos trabalhos de investigação dos pensadores e dos cientistas.

As duas formas de conhecimento estão articuladas: não há como produzir conhecimento direto da realidade sem se dedicar a uma assimilação crítica dos conhecimentos anteriormente estabelecidos. Os conhecimentos anteriores servem de ponto de apoio para o avanço da investigação, assim como muitas vezes servem para demonstrar as lacunas onde há necessidade de investigações novas ou mais específicas. Nenhum conhecimento nasce de si mesmo: cada conhecimento novo é herdeiro do passado humano, assim como é herdeiro da contribuição de investigadores contemporâneos. A investigação sempre tem uma dívida histórica com os que vieram antes, assim como tem uma dívida para com os que vivem e convivem em uma mesma época histórica.

A crítica, em um processo de conhecimento indireto da realidade, se nutre dos mesmos critérios que apresentamos para o conhecimento direto. Ou seja, o conteúdo que estiver sendo exposto deverá ultrapassar o aparente. Terá que dar conta de um patamar de compreensão e explicação da realidade que vá para além das aparências; que não tome a parte pelo todo; que manifeste os elementos universais explicativos de uma determinada realidade; que busque o fundamento do entendimento, não só no presente do objeto exposto, mas que o explique a partir de sua gênese. Assim, o conhecimento adquirido, via exposição de alguém, é um instrumento crítico de compreensão da realidade, na medida em que tenha sido construído de uma forma crítica, com todos os elementos metodológicos acima especificados. Nós, apropriadores de conhecimentos, é que devemos estar atentos para verificar se a exposição que estamos recebendo tem um valor crítico ou não. Não é devido ao fato de alguma coisa ter sido escrita e publicada que é verdadeira. Nenhum critério, em termos de definição de criticidade de um conhecimento, poderá ser assumido como superior aos limites da realidade. São os limites da realidade que permitem estabelecer e distinguir o verdadeiro. Um conhecimento é verdadeiro quando, de forma universal, explica os nexos lógicos do objeto que estamos querendo entender. Uma exposição será crítica na medida em que expresse um conhecimento verdadeiro como expressão pensada da realidade.

Nisso tudo, o que importa, radicalmente, é a compreensão da realidade, seja por meio do procedimento direto ou do procedimento indireto de conhecer.

3. O conhecimento na escola

Como vimos em capítulo anterior, é comum na prática escolar se distorcer o verdadeiro sentido do conhecimento como entendimento da realidade. Conhecimento, na maior parte das vezes, significa para a escola transmissão e retenção de pequenas "pílulas" de informação. Decoram-se essas porções de informação, e a realidade, em si, permanece obscura e não compreendida. Na maior parte das vezes, os professores estão mais preocupados com os textos a serem lidos e estudados, do que com a própria realidade que necessita ser desvendada.

Às vezes se valoriza tanto um determinado texto de estudo, que o próprio texto parece substituir a realidade. Muitas vezes, o difícil não é compreender a realidade, mas sim, o texto que expõe um determinado conhecimento estabelecido a respeito dela. E há até ocasiões em que os professores selecionam os textos mais complicados de entendimento para que os alunos se debrucem mais sobre eles que sobre a realidade que os textos pretendem apresentar e desvendar.

Essas distorções dificultam o ensino e a aprendizagem. O interesse de cada um de nós e de cada criança que está na escola é ter a possibilidade de compreender a realidade e o mundo que está à nossa volta, de uma forma mais ampla e significativa. Ora, a escola, por vezes, não ensina nada além daquilo que todos já sabem (essa é a suposição: todos sabem alguma coisa, basta reuni-los para trocar umas tantas ideias e o conhecimento já estará estabelecido). Às vezes, a escola transmite informações tão desvinculadas da realidade e de tal forma hipertrofiadas, que passa para os alunos a sensação de que aqueles entendimentos expostos não valem nada; efetivamente, da forma como são apresentados, certos conteúdos por vezes, não valem nada mesmo ou, pior, são enganosos.

Em Geografia, por exemplo, dizer que "o solo se forma a partir da decomposição de rochas" é verdadeiro. Porém, demonstrar que isso ocorre, a partir do fato de moer ou rachar a rocha, é uma falsidade. A decomposição da rocha que produz o solo depende de fatores climáticos, de micro-organismos, do húmus que recobre as decomposições etc. Além de ser pílulas de conhecimento, aquilo que é ensinado na escola é, às vezes, falso e enganoso.

É preciso ter cuidado com esta questão do conhecimento, pois que dessa compreensão dependerá a forma de trabalhar com os alunos no processo de ensino/aprendizagem. Como já dissemos anteriormente, o conhecimento deve ser um modo de existir e de ver o mundo por parte de cada cidadão. E, para tanto, há que se apropriar do conhecimento de uma forma existencial. Ele deverá passar a fazer parte da vida de cada ser humano. Não poderá, por isso mesmo, ser tão somente um conjunto de informações que se decora e depois... "graças a Deus"... se esquece.

Para ganhar um novo sentido, o conhecimento assimilado pelo educando deverá apresentar-se como alguma coisa significativa e existencial. Como lembramos anteriormente, o processo de aquisição de conhecimentos escolares deverá ter pelo menos quatro etapas e conteúdos básicos: aquisição de informações, princípios, sequências etc.; aquisição compreensiva da metodologia utilizada na produção desse conhecimento através da exercitação; aplicação dessa metodologia em situações assemelhadas; inventividade de novos conhecimentos aplicando os conhecimentos e a metodologia adquiridos.

Assim, sendo, o conhecimento escolar só poderá vir a ser um conhecimento significativo e existencial na vida dos cidadãos se ele chegar a ser incorporado pela compreensão, exercitação e utilização criativa. Contudo, estas questões operacionais da aprendizagem pertencem ao mundo da didática e deverão ser tratadas em outro âmbito de conhecimento.

Esse entendimento do conhecimento pode ser utilizado tanto no nível do jardim da infância, quanto no nível universitário. O que importa é que cada pessoa, cada escolar, cada criança, consiga entender a realidade que está à sua volta. Claro, há que distinguir níveis de complexidade de conhecimentos. O conhecimento que se possibilita a um universitário não é o conhecimento que se vai oferecer a uma criança no jardim da infância. Mas, em ambas as instâncias educacionais, o conhecimento deverá ser uma forma de entendimento e de compreensão da realidade.

4. Procedimentos de estudo e ensino

1. Questões para estudo e compreensão do texto

a) Como se entende o conhecimento como uma "iluminação da realidade"? Compare essa forma de conhecer com aquela que é processada na escola e verifique semelhanças e diferenças.

b) Como você compreende o método da investigação como uma das formas de conhecer (iluminar) a realidade? Que elementos devem ser levados em conta para se produzir um significativo conhecimento direto da realidade?

c) Que se entende por conhecimento indireto da realidade? Que significado tem o conhecimento indireto da realidade como forma efetiva de conhecimento, ou seja, iluminação da realidade?

d) Como se articulam as duas formas de conhecimento — a direta e a indireta — da realidade?

e) Qual tem sido a prática escolar como o conhecimento? Ela tem sido adequada para que efetivamente os alunos adquiram uma compreensão iluminativa da realidade?

2. Sugestões de temas para dissertação ou discussão em grupo

a) A atual prática do conhecimento na atividade escolar.

b) Um entendimento do conhecimento a ser seguido na prática escolar.

c) Método de investigação e de exposição como métodos de ensino de conhecimentos escolares.

3. Sugestões bibliográficas para estudos complementares

LUCKESI, Cipriano et al. *Fazer universidade*: uma proposta metodológica. 9. ed. São Paulo: Cortez, 1989. Ver os capítulos seguintes: "O conhecimento como compreensão do mundo e como fundamento para a ação", p. 47-59; "Leitura como leitura do mundo", p. 119-125; "O leitor no ato de estudar a palavra escrita", p. 136-146.

FREIRE, Paulo. Considerações em torno do ato de estudar. In: *Ação cultural como prática de liberdade*. Rio de Janeiro: Paz e Terra, 1976, p. 9-12.

_____. *Importância do ato de ler*. São Paulo: Cortez/Autores Associados, 1984.

IANNI, Octávio. *Dialética e capitalismo*. 3. ed. Petrópolis: Vozes, 1988.

MARX, Karl. O método da economia política. In: *Contribuição à crítica da economia política*. São Paulo: Martins Fontes, 1977, p. 218-226.

Capítulo 8

Conteúdos de ensino e material didático

No Capítulo 5, traçamos um diagnóstico do senso comum que domina a prática docente. Lá mencionávamos a questão de como os conteúdos escolares e os livros didáticos são compreendidos no cotidiano da escola. Neste capítulo, retornamos a esses temas, aprofundando a sua discussão, em uma perspectiva crítica e construtiva. *Crítica*, na medida em que os conceitos são questionados e discutidos de modo contextualizado; *construtiva*, na medida em que são indicados alguns encaminhamentos para a prática.

Na primeira parte do capítulo, abordamos a questão dos conteúdos escolares e, na segunda, os livros didáticos. Esses dois elementos estão vinculados na prática educativa escolar e na prática docente, na medida em que os livros didáticos são veículos de conteúdos e modos de ensino/aprendizagem, tais como orientações para estudo, exercícios, sugestões de atividades.

Esta é a razão que nos leva a tratar dos dois elementos — conteúdos escolares e livro didático — em um mesmo capítulo.

1. Conteúdos escolares

1.1 Os conteúdos escolares e as tendências pedagógicas

Qual o sentido filosófico dos conteúdos escolares? Eles estão no centro das decisões pedagógicas escolares. Na cadeia — "objetivos —

conteúdos — métodos", os conteúdos traduzem os objetivos, mediando-os. Deles depende o encaminhamento da proposta pedagógica e da prática docente.

O seu papel é tão significativo que, com a identificação dos conteúdos de uma prática escolar, identifica-se também a direção pedagógica que predomina nessa prática.

A seguir, tentamos demonstrar a articulação que há entre proposta pedagógica e conteúdos, na perspectiva de se compreender que a escolha e seleção dos conteúdos não é casual, nem pode sê-lo, em função de que os conteúdos são mediações necessárias dos objetivos.

No Capítulo 3 tivemos oportunidade de estudar as "tendências pedagógicas" que se fazem presentes na "prática escolar". São tendências que vêm se formulando ao longo da história da educação e que se fazem presentes no nosso exercício docente; umas, com mais força e hegemonia, outras, com manifestações menos definidas.

Essas tendências, entre outros elementos, caracterizam-se pelos objetivos políticos aos quais servem e pelos *conteúdos* que transmitem, como suas mediações. Ou seja, os *conteúdos* articulam-se diretamente com os objetivos políticos definidos.

A *Pedagogia Tradicional*, nascida e sistematizada no contexto da Revolução Francesa (1789), politicamente, destinava-se à equalização social, através de indivíduos preparados em condições iguais, de tal forma que pudessem lutar por seus direitos na sociedade. É nessa perspectiva que se consagra na legislação burguesa a garantia de que "todo cidadão tem direito ao ensino"; garantia esta que nunca fora cumprida, no seu todo. A burguesia, desde que vitoriosa, não trabalhara para que "todos" tivessem *acesso* e *permanência* na escola, porque descobrira que a escola era revolucionária. A busca da equalização social negava o domínio e a hegemonia da burguesia.

Para cumprir esse seu objetivo, a Pedagogia Tradicional adotou, como seu conteúdo, a formação da mente do educando através da assimilação dos denominados conteúdos clássicos da cultura: grega, romana e científico-moderna.

Os alunos entrariam na escola em condições diferenciadas de conhecimentos e aprendizagens, porém, deveriam sair em condições aproximadamente equalizadas; isso lhes garantia a possibilidade de construir individualmente a igualdade; a igualdade aí significa a disputa individual entre iguais. A educação escolar criaria condições individuais para a luta pela igualdade.

A *Pedagogia da Escola Nova*, que se formula a partir dos fins do século XIX, desenvolve-se no contexto da burguesia contrarrevolucionária. A burguesia foi revolucionária até fins do século XVIII, quando saiu vitoriosa com a Revolução Francesa; a partir daí, ela age no processo da contrarrevolução. Os movimentos sociais e golpes de estado do século XIX na Europa caminham na direção da contrarrevolução, ou seja, a burguesia vai abrindo mão dos seus ganhos políticos para garantir suas posses e posições econômicas.

Com o golpe de Estado de 2 de dezembro de 1852, na França, por Napoleão III, praticamente a burguesia assenta-se no poder para definitivamente garantir seus interesses de classe. O golpe de Estado de Napoleão III e seu governo expressam a negação das lutas e dos movimentos sociais de transformação da sociedade, assegurando o domínio e a hegemonia da burguesia já instalada no poder.

A forma de governo estabelecida com o golpe de Napoleão III e com o seu governo foi denominada por Marx de "bonapartismo" e caracteriza-se pela predominância do poder executivo sobre o Legislativo e Judiciário, tendo por base o Exército, a Igreja tradicional e o lúmpen (os ignorantes, os miseráveis, os marginalizados da sociedade). Diz-se que o "bonapartismo é a religião da burguesia", pois que desde então essa forma de governo tem sido dominante em todo o Ocidente. As ditaduras latino-americanas da segunda metade do século XX não fogem a essa característica. Para tanto, basta ver em que forças se basearam os nossos governos militares e como geriram o poder.

Pois bem, a Pedagogia da Escola Nova se desenvolve nesse contexto e de certa forma o representa, na medida em que, em nome de uma "equalização social", trabalha com as diferenças individuais. O seu conteúdo escolar abarca a formação de cada indivíduo, segundo suas potencialidades e interesses, por intermédio da vivência de experiências variadas do cotidiano. A escola deveria ser equivalente à vida. O que importa agora é a formação dos sentimentos do educando, por meio da vivência de múltiplas experiências compatíveis com os interesses e as liberdades de cada um. Então, os alunos entram na escola em condições diversificadas de aprendizagens e desta mesma forma saem dela.

A *Pedagogia Tecnicista* cristaliza-se por volta dos anos 1960, ainda que remonte aos anos 1930. No Brasil, ela chega com força por volta do final dos anos 1960, especialmente a partir dos acordos MEC/Usaid (acordos de cooperação técnica e científica na área de educação, realizados entre governo brasileiro e governo norte-americano, na segunda metade dos anos 1960, a partir dos quais técnicos norte-americanos trabalhariam com técnicos brasileiros na reforma do ensino em nosso país).

A Pedagogia Tecnicista tem por objetivo formar profissionais para atender as carências de mão de obra para o processo de industrialização multinacional e nacional por meio da aquisição de conhecimentos e habilidades restritos a essa necessidade específica; se propunha a formar de modo eficiente, ou seja, com a qualidade esperada e no menor espaço de tempo possível, uma mão de obra que atendesse as carências de uma industrialização em expansão.

As pedagogias denominadas progressistas — a Libertária, a Libertadora e a Crítico-Social dos Conteúdos — seguem um caminho diverso das anteriores e também apresentam conteúdos diversos.

A Pedagogia Libertária, traduzindo os propósitos políticos do Anarquismo, que nascera em meados do século XX, tem como objetivo político formar as crianças e os jovens para a autogestão individual e coletiva; para tanto importa uma permanente aprendizagem da supressão da autoridade, seja no grupo seja na sociedade. O conteúdo que permite atender esse objetivo é o interesse e a decisão do grupo. Propriamente inexiste um conteúdo definido, a não ser a compreensão de que o grupo deve decidir o *que* fazer e como *fazer*, pois que o mais importa é a educação *para* e *pela* autogestão.

A Pedagogia Libertadora é resultante da obra pedagógica do professor Paulo Freire, a partir do final dos anos 1950, no Brasil, que tem por objetivo político a emancipação organizada das camadas populares. É, fundamentalmente, uma proposta para a educação de adultos; sujeitos que não tiveram acesso à escola na faixa etária regular da infância e adolescência. Para atingir esse objetivo, Paulo Freire coloca como conteúdo da prática educativa a reflexão coletiva, dialogada e conscientizada sobre a cultura cotidiana do povo.

Por último, a Pedagogia Crítico-Social dos Conteúdos tem o objetivo de contribuir, por meio da educação, para a formação da cidadania, ou seja, garantir a todos os educandos condições de criticidade, o que significa conhecimento e comprometimento político. Para tanto, considera que, dentro de condições histórico-sociais determinadas, os conteúdos escolares são aqueles que decorrem das ciências e, de forma crítica, podem e devem ser transmitidos pelos professores e assimilados pelos alunos, de tal forma que adquiram instrumentos culturais necessários para a garantia e o desenvolvimento da luta por uma sociedade igualitária para todos os seres humanos.

Esta rápida retomada das pedagogias e seus conteúdos nos revelam que os *conteúdos escolares* não são *casuais*; eles respondem a um determinado objetivo político que se tem. Como qualquer outra prática humana, a seleção de conteúdos escolares está comprometida com um determinado objetivo. No caso, os conteúdos escolares traduzem a perspectiva pedagógica que se tem. O pedagogo francês Georges Snyders, no seu livro *Para onde vão as pedagogias não diretivas?*, defende a ideia de que são os conteúdos que definem as pedagogias. De fato, isso é verdadeiro, na medida em que eles são mediações dos objetivos políticos traçados.

Essa rápida retomada das pedagogias nos leva a compreender que não podemos trabalhar aleatoriamente com quaisquer conteúdos escolares e sem uma proposta pedagógica delineada. Ambos estão articulados.

1.2 Os conteúdos escolares na "escola que queremos"

1.2.1 Os conteúdos escolares

Ao longo deste livro, vimos apontando aspectos da "escola que queremos". A esta altura dos nossos estudos, parece ser claro que estamos trabalhando com entendimentos e elementos da denominada Pedagogia Histórico-Crítica ou Crítico-Social dos Conteúdos.

Em termos de conteúdos escolares, esta pedagogia está preocupada com a aquisição de conhecimentos, com a formação de habilidades e hábitos por parte do educando, assim como com a formação das convicções, por intermédio de conhecimentos e experiências humanos, delimitados de forma histórico-crítica.

Conhecimentos são os resultados críticos da ciência e da filosofia, na medida em que procuram desvendar a realidade. *Habilidades* são modos adequados de agir em determinada situação, seja ela mental, social ou manual. *Hábitos* são modos de agir que se tornaram automatizados, de tal forma que reduzem o tempo e aumentam a perfeição em sua execução. Convicções são os valores, os significados que, assumidos pelo sujeito, direcionam sua vida individual e social.

Os conhecimentos são assimilados da herança cultural que nos antecede. Os seres humanos já produziram múltiplos entendimentos da realidade e do mundo; eles estão disponíveis para que cada criança, jovem ou adulto os assimile. É uma herança rica e fecunda que pertence a todos. As habilidades e os hábitos são adquiridos através de múltiplas exercitações e aplicações, tanto no nível mental quanto no manual. As convicções são formadas na prática cotidiana, na organização social do grupo, na convivência, na imitação, na meditação sobre os direitos e deveres de cada um dentro do grupo e da sociedade, na compreensão e na prática do significado de viver em sociedade.

A escola que queremos trabalhará no sentido de que crianças, jovens e adultos assimilem ativamente os conhecimentos (formando habilidades e hábitos) e adquiram convicções fundamentais de solidariedade e igualdade entre os seres humanos, assim como hábitos de convivência, de luta, de trabalho, de conquista individual e coletiva.

Deste modo, a formação do educando, que inclui o desenvolvimento das capacidades cognitivas (entender, compreender, concluir, analisar, comparar, sintetizar etc.) e a formação das convicções, necessita da herança cultural que a sociedade vem criando ao longo do tempo. A assimilação desse legado tem um papel importante para o desenvolvimento tanto do educando quanto do educador.

1.2.2 Os conteúdos que interessam

Na "escola que queremos" interessa sobretudo a cultura elaborada, desde que a cultura cotidiana pode e, efetivamente, é adquirida espontaneamente no dia a dia.

Ao enfrentar a natureza, o ser humano foi produzindo o mundo no qual vive e, ao mesmo tempo, produzindo-se a si mesmo, como vimos anteriormente. Nesse enfrentamento constrói a cultura que temos — cultura material e cultura espiritual (cotidiana e elaborada). A cultura material caracteriza-se pelos bens materiais que produzimos, modificando algum "pedaço" da realidade (casas, móveis, vestuário, medicamentos, equipamentos etc.). A cultura espiritual refere-se aos conhecimentos, aos saberes, às instituições, às vivências artísticas. Esta cultura espiritual pode ser *cotidiana* e *elaborada*. Por cultura cotidiana entendemos a cultura do dia a dia, espontânea, adquirida informalmente, fragmentária. Ela é útil e com ela vivemos nosso cotidiano. É uma cultura prático-utilitária, na medida em que nos dá condições de viver o cotidiano de forma limitada e simples. A cultura elaborada é produzida intencionalmente pelo ser humano; ele a constrói, através de um esforço intencional, ou seja, através de uma busca voluntária para desvendar os mistérios que apresenta a realidade, seja natural seja social, ou para produzir objetos e bens para satisfazer suas necessidades, desejos, fantasias.

O legado cultural da sociedade — conhecimentos, habilidades, valores, bens — constitui os conteúdos escolares, especialmente na sua vertente elaborada. A cultura cotidiana é aprendida e vivida espontaneamente no dia a dia; não necessita de uma intervenção intencional para ser adquirida. A cultura elaborada é complexa, coerente, consistente, orgânica, por isso necessita de um trabalho sistemático e intencional para ser assimilada e adquirida. Por ser assim, ela possibilita ao sujeito que a possui um patamar mais universal de compreensão do mundo, com possibilidades mais amplas de ação.

A cultura elaborada, na medida em que é adquirida, por si, não suprime nem pode suprimir a cultura cotidiana, mas reelabora-a num novo patamar, num nível mais universal e consistente. Conforme afirma Snyders, em seu livro *Alegria na escola*, há uma continuidade e uma ruptura entre a vivência da cultura cotidiana e aquisição da cultura elaborada. Não se nega nem se destrói a cultura cotidiana; contudo, no processo de assimilação ativa da cultura elaborada, ela já não é ela mesma mas sim algo novo; um novo entendimento e um novo modo de agir com o mundo.

A cultura elaborada é resultante da atividade humana em dar respostas aos múltiplos problemas e dificuldades que enfrenta, sejam decorrentes da natureza, sejam decorrentes da sociedade. Assim, emergiram áreas de conhecimentos, tais como Física, Química, Biologia, Sociologia, História, Antropologia, Filosofia; áreas de arte, tais como música, teatro, literatura, dança; áreas de cuidados do ser humano, tais como terapia, massagens, ginásticas. Todas elas procurando, intencional e sistematicamente, compreender a realidade e possibilitar formas de ação de forma crítica, consistente, orgânica.

Por esse caminho, os seres humanos foram produzindo a cultura elaborada, legando-a a outros seres humanos; que, por sua vez, também deram sua contribuição a esse legado, passando-o, subsequentemente, para uma nova geração; e assim sucessivamente. Então, conhecimentos, habilidades, valores e práticas humanos constituem, de um lado, resultados do esforço de construção do mundo, que, ao mesmo tempo, constroem o ser humano individual e coletivo. Por outro lado, a transmissão desse legado para as novas gerações e sua respectiva assimilação ativa possibilitam a formação das novas gerações assim como servem de base para novas elaborações culturais.

A escola é a instância mediadora desse processo, como vimos no Capítulo 4. Ela é o lugar onde, por meio de um currículo (que é uma seleção de conteúdos e experiências de aprendizagem) e de uma prática pedagógica, as crianças, os jovens e os adultos recebem e assimilam o legado da cultura elaborada, compreendendo e reelaborando o seu cotidiano.

1.2.3 O cotidiano e o elaborado na prática educativa escolar

A radicalização que se tem apresentado no meio educacional entre partidários do cotidiano e do elaborado não faz muito sentido, desde que não há por que negar o legado cultural do passado, que por si está composto por esses dois elementos. Por isso, não há razão para negar um e afirmar o outro. Contudo, há sim que se ter presente que o cotidiano e espontâneo representam pouco em termos de entendimento e de cultura para qualquer ser humano da sociedade moderna. Cada criança necessita apropriar-se da herança cultural elaborada do passado para atingir um patamar crítico que lhe possibilite compreender o presente de forma mais abrangente e universal. O avanço da ciência e do pensamento humano deve ser o norte de crescimento para o educando, nunca o contrário. Ou seja, educativamente, não podemos ter como parâmetro para a constituição curricular o conhecimento e a experiência espontânea dos educandos, sob o risco de estarmos impossibilitando aos nossos educandos a assimilação do legado crítico e, consequentemente, a elevação do seu patamar cultural. Porém, o cotidiano também não pode ser obscurecido ou negado. Ele é parte essencial de nossas vidas, ele possui positividades. Há, então, que se encontrar o caminho pelo qual o "existencial" e o "elaborado" se integrem dialeticamente, na medida em que nem um nem outro seja negado. O existencial ganha nova dimensão ao ser reelaborado ao nível crítico, seja ele filosófico ou científico. Como afirma Snyders, nessa relação, há continuidade e ruptura. A aprendizagem de novo tem uma continuidade com o anterior, mas também possui uma ruptura, porque é novo.

Em termos de ensino e de aprendizagem, não há por que privilegiar uma ou outra coisa. Na prática da sala de aula, às vezes temos que partir da experiência cotidiana dos nossos alunos para elevá-la a um patamar mais crítico e complexo de entendimento. Outras vezes, temos que partir do próprio conhecimento acumulado pela humanidade por meio do método da exposição. Em ambas as perspectivas de ensino e de aprendizagem, o objetivo deverá ser permitir ao educando a apropriação de formas e modos de entendimentos que lhe possibilitem um nível novo, mais coerente, consistente e universal de análise e compreensão do mundo. O que não se pode — sob pena de conservantismo — é fazer com que os educandos permaneçam exclusivamente presos aos seus entendimentos limitados, espontâneos, do cotidiano existencial.

Contudo, a apropriação dos produtos culturais, além de nos elevar a um patamar novo de compreensão da realidade, é um instrumento fundamental do exercício lógico do pensamento e do entendimento. Cada um de nós necessita elevar sua capacidade de formalização e de abstração, adquirindo níveis cada vez mais complexos. A apropriação dos conteúdos exige um esforço mental de compreensão e de exercitação que, por si, possibilita uma elevação do nível de compreensão, de abstração e de formalização da mente, cada vez mais necessário ao ser humano.

Por *formalização da mente*, aqui, estamos entendendo a aquisição de complexos processos de raciocínio e capacidade de trabalhar com conceitos abstratos e abrangentes da realidade. Em si, é a capacidade de trabalhar adequadamente com conceitos abstratos formados sobre a realidade. Essa utilização de conceitos abstratos torna-se cada vez mais necessária ao ser humano, devido às necessidades de entendimento da realidade, que cada vez se tornam mais complexas e exigem maior amplitude de percepção e análise.

Para compreender bem essa colocação, vamos dar exemplos. Um exemplo bem simples de que necessitamos de abstrações cada vez maiores pode ser tomado da leitura de um mapa geográfico. Ler um mapa geográfico implica a abstração de todos os elementos materiais. Ali estão representações formais do que seria a realidade. O mesmo ocorre quando um arquiteto desenha a planta de uma casa. Ele trabalha com elementos abstratos. A casa não está ali, no entanto, estão presentes as especificações que possibilitarão a construção da casa. Na planta estão os elementos formais da construção; os resultados materiais estarão presentes quando a casa for construída. Pois bem, existem pessoas que, olhando uma planta, não conseguem, de forma alguma, visualizar a construção futura. Elas não conseguem "ler" formas abstratas.

Passemos para uma situação mais complexa. O entendimento da sociedade exige de cada um de nós um nível de abstração conceitual bastante elevado, pois esse conhecimento não se dá ao nível do senso comum e do superficial; ao contrário, exige esforço e abrangência de compreensão. A complexidade das relações nesta sociedade não possibilita uma apreensão direta e simples — por isso a capacidade de conhecer deve ser elevada a níveis de amplitude sempre maiores, se se quer conseguir uma compreensão clara e crítica das coisas. Aqui, níveis elevados de abstração e formalização da mente são necessários.

Ocorre, porém, que nem sempre os conteúdos escolares correspondem aos resultados mais significativos do pensamento e da ciência produzidos pelo ser humano. Mais que isso, na maior parte das vezes, são reduzidos a superficiais definições e descrições impostas aos alunos para ser decoradas. Outras vezes, os conteúdos transmitidos e propostos são secundários. Isso acontece não porque os professores não desejem ensinar melhores conteúdos; isso é o que está nos currículos, e é também o resultado do pouco que os professores aprendem para exercer sua profissão. Muitas vezes, nós, professores, não dominamos nosso campo de conhecimento, nem nos esforçamos por dominá-lo melhor. Em nossas aulas, trabalhamos os conteúdos costumeiros, que são colocados à nossa frente pelos currículos escolares ou, mais comumente, pelos livros didáticos.

Além disso, vale observar que os conteúdos escolares, na maior parte das vezes, têm servido como veículo de certas representações ideológicas. Ou seja, através dos conteúdos escolares são transmitidos os mais variados valores, que, na maior parte das vezes, são conservadores a respeito dos vários elementos da vida social. São preconceitos com os quais nem sempre concordamos. Os livros didáticos estão repletos, implícita ou explicitamente, desses conteúdos ideológicos. Falaremos disso no próximo tópico deste capítulo.

Assim, importa que nós, professores, assim como nos preparamos para exercer a docência, estejamos cientes de que quanto mais nos preparamos em termos de conteúdos e habilidades, tanto maiores serão nossas possibilidades de exercer nossa profissão da melhor forma possível, tanto do ponto de vista técnico quanto do político.

Diante do fato de observarmos que os conteúdos escolares nem sempre traduzem os melhores e mais avançados resultados da ciência e da cultura e diante do fato que esses mesmos conteúdos estão eivados de posturas valorativas, ideológicas, vale uma última observação sobre a visão política que atravessa e deve atravessar os conteúdos escolares.

Ao tratar de um assunto ou tema, o educador deverá estar atento à *versão* que estará dando a esse conteúdo. Por exemplo, podemos tratar do tema racismo tanto de uma forma preconceituosa, estimulando a formação de uma mentalidade racista, como de um modo objetivo, desenvolvendo uma criticidade na personalidade dos educandos e, pois, trabalhando para a formação de uma personalidade sadia para a convivência social solidária. Assim, outros temas: podemos estudar biologia tão somente para a apropriação dos conceitos ou podemos estudar biologia para compreender e agir em função de uma forma de vida mais adequada em relação ao planeta.

A visão política que informa os conteúdos escolares, assim como a metodologia segundo a qual são abordados, são fundamentais para a formação solidária do educando.

Com isto, estamos querendo indicar que, no processo educativo, não podemos separar, de um lado, conhecimento e, de outro, formação da personalidade. Enquanto se adquirem conhecimentos, também se forma a personalidade, assim como enquanto se forma personalidade se adquirem conhecimentos. Aspectos afetivos e cognitivos existem como uma unidade dentro do ser humano.

Assim, os conteúdos escolares, tendo presente faixa etária, características psicológicas e sociais dos educandos, são conhecimentos, habilidades e valores que emergem da articulação entre o cotidiano e o elaborado e que, se assimilados ativamente, garantem ao educando aprendizagem e desenvolvimento; portanto, formação das capacidades cognoscitivas e das convicções.

Evidentemente, isso não se dá de maneira mecânica, de tal forma que pudéssemos dizer "tal conteúdo, consequentemente tal personalidade". Isso seria uma fantasia! Os conteúdos são assimilados conforme as condições de cada educando (nos aspectos psicológicos e sociais), conforme as capacidades de cada educador de transmiti-los e fazê-los assimiláveis, assim como das condições materiais de trabalho docente/discente.

Só enquanto prática social, politicamente engajada, que o educador delimita objetivos, conteúdos, métodos e os transforma em vida para si e para o educando.

2. Livros didáticos

Na abordagem da questão de conteúdos escolares, temos pela frente, ainda, o tema do *material didático*.

Qual o sentido do uso de material didático para o processo de ensino e aprendizagem? Ele é válido? É necessário ou plenamente dispensável? Para que seja significativo, como deve estar constituído e em que perspectiva deverá ser utilizado?

Vamos começar por lembrar que o processo ensino-aprendizagem exige um *processo de comunicação*; e que, ao lado de outros veículos, o livro didático é um meio de comunicação, por meio do qual o aluno recebe a mensagem escolar.

Todos sabemos que o processo de comunicação implica um *emissor*, um *receptor*, uma *mensagem* e um veículo de comunicação. O emissor, no caso da sala de aula, é o professor; mas, no caso do livro didático, é o autor daquele material; o receptor é o educando; a mensagem é o conteúdo transmitido; e o veículo, no caso, é o próprio livro didático.

No ensino escolar, o professor é o emissor principal, pois ele é o responsável pela transmissão de um determinado conteúdo a uma determinada turma de alunos. Todavia, ele faz uso do livro didático para auxiliá-lo nesse processo de comunicação de mensagens. Por vezes, chega a fazer do conteúdo dos livros didáticos o seu próprio conteúdo, desde que concorda com tudo o que está escrito nele e orienta os educandos para que se apropriem daqueles conteúdos. Há mesmo professores que nem dão aulas, orientando os alunos para que estudem exatamente o que está no livro, admitindo que o que está ali exposto é tudo o que desejam transmitir. Esta é uma forma de fazer da mensagem do livro a sua própria mensagem e assumir como posição e entendimento próprios aqueles que estão nas páginas do livro. Neste caso, o autor do livro assume o papel de emissor principal do conteúdo escolar e o professor, por tabela, assume aquela mensagem como sua. Contudo, existem professores que, corretamente, tomam o livro didático como um material exclusivamente auxiliar do seu processo de ensino, assumindo uma posição crítica diante dos conteúdos ali expostos, despertando nos seus alunos o senso crítico necessário para se ler qualquer coisa. Nesse segundo caso, o livro será o veículo de comunicação do autor, o auxiliar do professor no processo de ensino, e o auxiliar do aluno no processo de aprendizagem. Em ambos os casos (como veículo principal ou como veículo complementar), o livro didático é uma peça importante no processo de comunicação do ensino escolar.

O livro didático, de forma alguma, deve ser instrumento descartável no processo de ensino. Ele é um instrumento importante, desde que tem a possibilidade de registrar e manter registrada, com fidelidade e permanência, a mensagem. O que está escrito permanece escrito; não é tão perecível quanto a memória viva. Através do livro, o educando terá a possibilidade de se reportar, quantas vezes quiser, ou necessitar, ao conteúdo ensinado na sala de aula.

Vale lembrar que nem sempre os conteúdos dos livros escolares são os mais recomendáveis; daí decorre a necessidade de que cada professor selecione *criteriosamente* o livro didático que vai adotar, mantendo sempre sobre ele uma posição crítica.

Muitas vezes, esses conteúdos são abordados com uma perspectiva metodológica que não nos interessa. Por exemplo: será que queremos ensinar História a partir dos heróis? Se não queremos, devemos estar atentos para selecionar um livro que utilize uma outra metodologia.

Outras vezes, os conteúdos abordados no livro didático não nos satisfazem, diante daquilo que a ciência já produziu e que nossos alunos necessitam e merecem receber. Aqui e acolá, encontramos livros didáticos que simplificam os conteúdos de tal forma que não auxiliam em nada os educandos a entenderem melhor o mundo, a elevarem o seu patamar de compreensão da realidade. Outras vezes, esses livros trazem conteúdos secundários, que ocupam tempo de ensino do professor e de estudo dos alunos, que poderiam ser aproveitados em conteúdos e atividades essenciais e significativas. Pior que isso é, ainda, o caso de alunos que são reprovados por causa desses conteúdos secundários, pois há professores que, por não assumirem uma posição crítica, exigem que seus alunos deles se apropriem.

Os livros didáticos estão repletos de conteúdos ideológicos com os quais podemos não concordar. No Brasil, já existem muitos estudos e livros publicados que tratam desta temática, tais como *As belas mentiras*: ideologia subjacente aos textos didáticos, de Maria de Lourdes Deiró Nosela; *O livro didático de História do Brasil*, de Maria Laura Franco; *Geografia: pequenas histórias críticas*, de A. C. R. Moraes, e muitos outros. Vale a pena ter ciência dessas dissimulações ideológicas que permeiam os conteúdos didáticos, para que possamos exercer nosso senso crítico e, se possível, trabalhar com os educandos para que eles estejam atentos a esses meandros dos conteúdos escolares.

Com certeza, muitos de nós não concordamos com a opressão, com posições contra a mulher, contra o negro, contra o índio. Mas muitos desses preconceitos estão presentes nas lições dos livros didáticos. É preciso aprender a identificá-los para assumir um posicionamento crítico sobre os mesmos.

Em síntese, o livro didático é um veículo de comunicação importante dentro do sistema de ensino; porém, não pode ser assumido acriticamente. Deve ser selecionado e utilizado de forma crítica, para que não sirva de veículo de conteúdos, métodos e modos de pensar que estejam em defasagem com a perspectiva que desejamos adotar. Devemos estar atentos aos textos didáticos e utilizá-los de forma crítica para não sermos enganados e para que não façamos nossos alunos se apropriarem de conteúdos e de perspectivas ideológicas com as quais não estejamos concordes. Temos que ter sempre presente que uma mensagem nem sempre é verdadeira. Não é devido ao fato de estar escrita e publicada que é verdadeira. Ela necessita passar pelo crivo de nossas críticas.

3. Procedimentos de estudos e ensino

1. Questões para estudo e compreensão do texto

a) Qual a vinculação que existe entre conteúdos escolares e proposta pedagógica? Demonstre esse fato, utilizando-se das "tendências pedagógicas".

b) O que se entende por conhecimentos, habilidades, hábitos e convicções? Que papel têm no processo educativo da criança, do jovem ou do adulto?

c) Estabeleça as diferenças entre cultura cotidiana e cultura elaborada, demonstrando o papel que cada uma tem na vida humana.

d) Dê as razões por que a cultura elaborada é a que "interessa" à escola.

e) Que relação entre cultura cotidiana e cultura elaborada deve ser estabelecida e mantida pela escola? Por quê?

f) Quais os méritos e os deméritos do livro didático?

g) Como usar o livro didático de forma crítica?

2. Sugestões de temas para dissertação ou discussão em grupo

a) Articulação entre conteúdos escolares e "tendências pedagógicas".

b) Conteúdos escolares: críticas e proposições.

c) O livro didático: críticas e proposições.

3. Sugestões bibliográficas para estudos complementares

LIBÂNEO, José Carlos.*Democratização da escola pública*: pedagogia crítico-social dos conteúdos. São Paulo: Loyola, 1985.

LUCKESI, Cipriano. Presença dos meios de comunicação na escola: utilização pedagógica e preparação para a cidadania. In: KLROLING, Margarida, *Comunicação e educação*: caminhos cruzados. São Paulo: Loyola, 1985, p. 29-52.

NOSELA, Maria de Lourdes. *As belas mentiras*: ideologia subjacente aos textos didáticos. São Paulo: Cortez e Moraes, 1979.

FRANCO, Maria Laura. O *livro de história do Brasil*. São Paulo: Global, 1985.

MORAES, A. C. R. *Geografia*: pequenas histórias críticas. São Paulo: Hucitec, 1980.

Capítulo 9

Procedimentos de ensino

Demonstramos no capítulo anterior que os conteúdos escolares não estão desvinculados de uma perspectiva teórica de abordagem e tratamento da realidade. Ou seja, os conteúdos escolares, sua seleção e direcionamento, dependem de uma tessitura teórico-metodológica que, por sua vez, está articulada com uma concepção filosófica de mundo e, no caso, com uma concepção filosófica de educação.

Neste capítulo, vamos tratar da questão dos *procedimentos de ensino*. Procedimentos de ensino são meios técnicos utilizados para cumprir uma proposta educacional. Não existem isoladamente, mas articulados e dependentes de uma perspectiva teórico-filosófica. Assim, não se pode decidir sobre os procedimentos de ensino sem que antes se tenha definido, com clareza, uma proposta filosófica de educação.

No Capítulo 5, descrevemos como os docentes usualmente se utilizam dos procedimentos de ensino, sem estar atentos às questões teórico-filosóficas. Vamos retomar aqueles questionamentos, com o objetivo de buscar uma compreensão crítica do sentido e do significado de tais procedimentos, através de suas articulações com a Filosofia da Educação e, consequentemente, com a Pedagogia.

É exatamente essa questão que Pistrak nos apresenta em seu livro *Fundamentos da escola do trabalho*:

O objetivo fundamental da reeducação, ou, simplesmente, da educação do professor, não é absolutamente fornecer-lhe um conjunto de indicações práticas, *mas armá-lo de modo que ele próprio seja capaz de criar um bom método, baseando-se em uma teoria sólida de pedagogia social: o objetivo é empurrá-lo no caminho desta criação*[1] (grifos nossos).

Isso nos conduz a entender que as decisões sobre os objetivos filosóficos e políticos da prática docente antecedem toda e qualquer outra decisão pedagógica. Eles dão a dimensão do *que fazer*. E, tendo claros os objetivos mais abrangentes, as finalidades, cada professor poderá, com clareza de consciência, escolher procedimentos de ensino entre os já formulados e apresentados nos textos de didática e técnicas de ensino. Ou ainda, poderá criar novos procedimentos a partir das necessidades emergentes, para cumprir os objetivos que tenham traçado.

É em função disso que, neste livro, vimos fazendo discussões que seguem do mais abrangente para o mais específico, porém sempre dentro do campo da Filosofia da Educação. Este capítulo sobre os *procedimentos de ensino*, ainda que trate de "procedimentos", terá um caráter filosófico, desde que estaremos discutindo o sentido e o significado desses procedimentos, e não propriamente os procedimentos em si mesmos, como modos operacionais de ação. Vamos tentar entender como cada procedimento, na sua própria formalidade, demonstra, em si, o sentido da proposta pedagógica que está traduzindo e mediando. Os procedimentos que cada um vai definir para a sua ação não serão gratuitos, mas terão o sentido e o significado que tiverem as decisões filosóficas e políticas sobre a prática pedagógica.

Como já vimos anteriormente, não é pelo fato de não escolhermos conscientemente os princípios que direcionam nossas atividades docentes que eles deixam de existir. Se não definimos esses princípios conscientemente, acabamos seguindo os princípios dominantes, que se tornaram senso comum em nossa prática docente.

---

1. Pistrak. *Fundamentos da escola do trabalho.* São Paulo: Brasiliense, 1981, p. 30.

1. Método e procedimento de ensino

Vamos iniciar por uma definição de *procedimento de ensino*, distinguindo-o de *método*. No cotidiano escolar e nas discussões diárias sobre a prática docente, confundem-se essas duas coisas. Assim, por vezes, ouvimos alguém dizer: "para desenvolver minhas aulas, estou utilizando-me da metodologia de trabalho em grupo"; outras vezes, ouvimos a pergunta: "que metodologia vai ser utilizada neste simpósio?" De fato, o que se está perguntando é: "que técnicas de estudos vão ser utilizadas para o desenvolvimento das atividades deste evento?" Ou ainda, às vezes, tomamos em nossas mãos um livro cujo título é *Metodologia de ensino*, porém o seu conteúdo refere-se às *técnicas de ensino*, tais como exposição, trabalho de equipe, simulação etc. Contudo, a levar a sério o que significa método, torna-se necessário precisar os conceitos e estabelecer uma distinção entre os campos. Uma coisa é procedimento e outra coisa é método. Sem essa efetiva distinção, sempre estaremos confundindo os dois elementos, desde que a distância entre um e outro parece ser tênue na medida em que, no cotidiano, se usa indiscriminadamente o termo "metodologia" para indicar várias coisas, tais como o modo de produzir conhecimento, o modo de atingir um objetivo que se deseja, o modo de desenvolver uma ação qualquer.

Em todos esses entendimentos há um fundamento comum, porém existem compreensões a ser delimitadas de forma distinta.

Genericamente, define-se método como o meio para se atingir um determinado fim. Essa definição nasce do próprio sentido etimológico do termo, cuja origem encontra-se em duas palavras gregas: *meta* (= para) + *odos* (= caminho). Método seria, então, "caminho para" se chegar a um determinado fim. Contudo, os fins a serem atingidos variam, fato que obriga a entendimentos diversos do que seja método. Neste caso, vamos distinguir pelo menos duas perspectivas de compreender método: a) método visto sob a ótica teórico-metodológica, e b) método visto sob a ótica técnico-metodológica.

Sob a primeira ótica — ou seja, sob o ponto de vista teórico-metodológico —, método significa um *modo de abordar a realidade*, seja para a produção de conhecimentos, seja para o encaminhamento de ações. Tanto em um como em outro objetivo, ao enfrentarmos a realidade, assumimos uma forma, uma visão que nos permite tratá-la sob determinado ponto de vista.

Por exemplo, estudando a Independência do Brasil, podemos seguir uma abordagem *reducionista*, limitada aos personagens, ou podemos utilizar-nos de uma abordagem *dialética*, levando em conta as condições objetivas desse acontecimento histórico.

Vamos exemplificar essas duas formas de "abordar" a realidade. Em primeiro lugar, um exemplo reducionista:

> A Independência do Brasil decorreu da decisão irada de dom Pedro, que, a conselho de José Bonifácio — o patriarca da Independência —, às margens do rio Ipiranga, deu o grito de "Independência ou Morte".

Esse é um modo de interpretar a história, modo segundo o qual se interpretam os acontecimentos históricos como sendo o resultado da ação de grandes heróis, de grandes homens, de grandes feitos. É uma interpretação da história que leva em conta apenas aqueles elementos que podem ser considerados os mais visíveis, os mais aparentes. No relato acima, parece que tudo dependeu da *vontade* de dom Pedro I. Aprendendo a "ver" a história dessa forma, vamos interpretar todos os fatos e acontecimentos a partir dessa matriz (método), ou seja, ao analisar qualquer outra situação histórica do passado ou do presente, vamos nos utilizar sempre dos personagens e não das circunstâncias objetivas que os determinam.

De uma perspectiva de *totalidade* (ou seja, levando em consideração o conjunto dos fatores que determinaram o acontecimento que estamos analisando), a Independência do Brasil poderia ser assim descrita:

> Deu-se a 7 de setembro de 1822, como consequência de um conjunto de acontecimentos: os movimentos nativistas do século XVIII e início do XIX (Inconfidência Mineira, Revolução dos Alfaiates, Revolução Carioca, Revolução Pernambucana); a vinda da família real para o Brasil em 1808, transferindo para cá a Corte e seus benefícios, acelerando a ruptura do "pacto

colonial". O grito de dom Pedro I, às margens do Ipiranga, foi o ato político final desses processos.

Este segundo modo de abordar a história utiliza um método diverso do anterior, na medida em que aquele entende que os acontecimentos históricos dependem de indivíduos e grandes personalidades; este último entende que os acontecimentos históricos são inexoravelmente articulados com as condições histórico-sociais objetivas. O suporte metodológico de cada um desses estudos é diferente. Devemos observar que, na leitura do que está exposto e como está exposto, é possível identificar o método com o qual a realidade está sendo abordada.

Isso nos leva a compreender que os "conteúdos" (e, no caso, os conteúdos escolares) não existem sem estarem "informados" por um método, por uma "visão" com a qual se trata a realidade.

Um mesmo tema pode sofrer diversas abordagens, possibilitando compreensões também diversas. Marx, na introdução do livro *O Dezoito Brumário de Luís Bonaparte*, nos mostra que o mesmo fato — o golpe de Estado efetuado por Luís Napoleão, em 1852, na França — foi abordado de formas diversas por autores diferentes. Diz ele que Victor Hugo, político e literato francês, escreveu um livro sobre esse acontecimento denominado *Napoleão, o Pequeno*, no qual atira muitas invectivas contra Luís Napoleão em função deste ter efetuado o golpe de Estado, terminando por dizer que esse acontecimento deu-se como um raio que veio do céu. Criticou Luís Napoleão, fazendo dele um herói; herói tão forte que saiu vitorioso em um golpe de Estado. Marx lembra que Joseph Proudhon também escreveu um livro analisando esse fato, cujo título é *O golpe de Estado*. Tentou demonstrar que o golpe era resultado de um processo social anterior e terminou por elogiar Luís Napoleão.

Esses dois autores possuem em comum o método de estudar um fenômeno histórico: constroem a história como se ela fosse produto da personalidade de grandes homens, de heróis.

Marx, diversamente deles, escreveu *O Dezoito Brumário de Luís Bonaparte*, no qual demonstrou que Luís Napoleão e seu golpe de Estado eram consequência dos *dados históricos objetivos da França*. Demonstrou que Luís

Napoleão era um aventureiro e um embusteiro, mas, devido às condições objetivas da história francesa, conseguiu chegar ao poder. Três obras, recursos metodológicos diversos, resultados diferentes. Lendo cada uma delas, pode-se identificar o tipo de tratamento metodológico que o autor usou para tratar do tema.

Em síntese, o conhecimento da realidade exige uma forma metodológica de abordá-la, uma perspectiva segundo a qual a realidade é vista. Aqui o método ganha o seu caráter teórico, ou seja, o modo segundo o qual ele permite que a realidade seja apreendida do ponto de vista do conhecimento.

Contudo, ainda dentro desse caráter teórico do método, deve ser compreendida a ação, ou seja, as ações humanas também dependem de uma "visão". Agir em função de um processo de transformação da sociedade é diferente de agir em função de um processo de sua conservação; agir em função de um processo democrático de uma sociedade é diferente de agir em função de um processo autoritário.

A exemplo, podemos citar o discurso de um político que diz:

Estamos engajados em um processo de construção da democracia. Por isso, estamos reunindo representantes dos diversos segmentos sociais para que, conjuntamente, definam as necessidades e as ações a serem executadas para o bem do povo.

O discurso acima é diverso deste outro:

Estamos interessados na construção da democracia. Para isso, sendo eleito, eu acabarei com os corruptos, acabarei com a miséria, construirei casas para os pobres etc...

O primeiro discurso funda-se em um *método* de agir e o segundo, em outro. O primeiro rege-se por uma visão teórica "representativa" — são os segmentos sociais que decidirão as ações; o segundo rege-se por uma visão teórica "autoritária" (fascista) — é o "herói" que fará tudo, como se assim pudesse ser, sem ter presentes as condições sociais da sua possível administração.

Portanto, tanto o conhecimento quanto as ações estão determinados por uma visão teórica da realidade que "informa" a ação e os resultados dessa ação. Essa é a ótica teórico-metodológica do método.

Sob a ótica *técnico-metodológica*, o método é a definição dos modos de se atingir resultados desejados, os objetivos definidos. Por exemplo, para se organizar um grupo de pessoas, tendo em vista a obtenção de um determinado resultado, podem-se seguir caminhos variados. Pode-se, em princípio, *obrigar* que cada um exerça um determinado papel, para que o resultado seja obtido; mas pode-se, diversamente, atuar para que todos compreendam a importância do resultado final e passem a colaborar na sua construção. As duas formas operacionais de agir indicam perspectivas técnico-metodológicas diferentes: uma é autoritária, a outra é democrática. Ambos os caminhos poderão chegar ao mesmo resultado material específico, mas não ao mesmo resultado global, incluindo aí o processo humano.

No caso da Pedagogia Histórico-Crítica, a questão metodológica, sob a ótica técnica, se manifesta como os meios satisfatórios para atingir os fins da aprendizagem que, por sua vez, servem aos fins políticos. Para essa Pedagogia, a elevação do patamar cultural do educando se dá pela assimilação ativa de conhecimentos e pela formação de habilidades e de hábitos, como vimos falando. À pergunta — "como se chega a esse resultado?" — responde a metodologia, sob a ótica técnica, com os procedimentos da ação.

Para que o educando assimile os conhecimentos é preciso que entre em contato com ele; isso implica que o conhecimento lhe seja *exposto*; para atingir esse fim, usa-se o *método expositivo*. Todavia, como a recepção do conhecimento exposto é pouca para que o educando desenvolva habilidades e forme hábitos, importa que *exercite* esse conhecimento. Para tanto, será necessário usar o método reprodutivo, que exige o reiterado exercício do conhecimento exposto e do consequente modo de agir. Porém, sabemos que receber e repetir conhecimentos e modos de agir ainda é insuficiente para o ser humano. É importante que os conhecimentos, habilidades e hábitos adquiridos sejam transferíveis para as múltiplas situações existenciais que cada um de nós encontra, seja no cotidiano, seja no trabalho, seja na vida intelectual. Então, importa aprender a *aplicar* conhecimentos, habilidades e hábitos. Para esse fim específico, usamos o *método da solução de problemas determinados*, ou seja, ao nível do ensino/aprendizagem, criamos situações para a exercitação do uso daquilo que foi adquirido.

Em síntese, o método, sob a ótica técnico-metodológica, manifesta-se com meios pelos quais atingimos fins próximos, articulados com fins políticos mais distantes.

Esse fato conduz a um terceiro entendimento da questão metodológica: a ótica técnico-metodológica articula-se com a ótica teórico-metodológica. Um modo operacional de agir ou de fazer alguma coisa não existe em um vácuo teórico, mas sim articulado com uma "visão" de realidade.

Os procedimentos são os modos específicos com os quais operacionalizamos o método. Os procedimentos, propriamente, são técnicas de ação que, se executadas, cumprem o método, sob a ótica técnico-metodológica. Por exemplo, o método expositivo, que é o meio pelo qual levamos ao educando os conhecimentos já elaborados, pode ser executado por meio de vários procedimentos (ou técnicas) expositivos: exposição oral pelo professor, exposição escrita através de um texto, demonstração de como proceder à execução de uma experiência em laboratório, a apresentação de um exemplo a ser imitado etc. O mesmo se dá com o método reprodutivo e assim por diante.

Então, importa ter claro que os procedimentos são os recursos imediatos de ação que utilizamos para cumprir um fim intermediário (no nosso caso, a aprendizagem de alguma coisa), tendo em vista um fim político abrangente (no caso, a formação do cidadão).

Esse fato leva-nos à compreensão de que os procedimentos de ensino, que usamos diariamente na sala de aula, estão comprometidos com as duas óticas metodológicas: a teórica e a técnica. A prática docente tem por objetivo produzir resultados, mas não quaisquer resultados, e, sim, resultados politicamente definidos.

Isso leva-nos a compreender que a seleção de procedimentos, seja na produção de conhecimentos seja na condução de uma ação social, não se dá isoladamente, mas vive comprometida com um modo teórico de ver o mundo.

No ensino, não basta definir que se vai utilizar a "exposição oral" ou a "exposição escrita", ou o "trabalho dirigido" etc. É preciso ter clareza da *intenção* com a qual se vai utilizar este ou aquele procedimento. E isso depende da concepção pedagógica que gere o nosso trabalho docente.

2. Procedimentos de ensino e tendências pedagógicas

Cada corrente pedagógica articula procedimentos de ensino correspondentes às suas respectivas propostas pedagógicas. Para ter uma compreensão clara deste aspecto, basta retomarmos os estudos que fizemos no Capítulo 3 e verificaremos que cada uma das tendências pedagógicas tem procedimentos de ensino bastante característicos, que servem de mediação para seus objetivos filosóficos e políticos. Vamos retomar, em cada uma das tendências, a questão dos procedimentos de ensino.

A *Pedagogia tradicional* centra os procedimentos de ensino na *exposição* dos conhecimentos pelo professor; geralmente, exposição oral. A proposta metodológica da *Pedagogia tradicional* é dirigir o educando para a sua formação intelectual e moral, tendo em vista, no futuro, assumir a sua posição individual na sociedade, de acordo com os ditames dessa sociedade. Para traduzir essa perspectiva metodológica, o direcionamento autoritário da formação do educando é fundamental e os procedimentos de exposição oral dos conteúdos e a exortação moral são os meios disponíveis mais eficientes para cumprir tais ditames.

Já a *Pedagogia renovada* centra sua atenção em procedimentos de ensino que deem conta, por parte do aluno, da aquisição de meios de aprendizagem do mundo circundante e da experiência cotidiana. A sua proposta metodológica é de que o educando deve desenvolver-se espontaneamente, como uma planta em um jardim (daí a ideia e o nome jardim de infância). Os procedimentos de ensino devem dar conta dessa perspectiva metodológica. Se o mundo exterior está aberto ao educando, ele deverá ter recursos para apreendê-lo. Disso decorre o entendimento de que não cabe à educação ensinar às crianças conteúdos elaborados, mas sim fazê-las "aprender a aprender", para que, espontaneamente, defrontando-se com o mundo, a partir da vivência, consigam produzir o entendimento da realidade.

A Pedagogia tecnicista coloca toda a atenção em modos instrucionais que possibilitam controle efetivo dos resultados (instrução programada, pacotes de ensino, módulos instrucionais etc.). Sua proposta metodológica é a da eficientização da aprendizagem. Cada educando deve aprender, no mais curto espaço de tempo, as condutas consideradas necessárias. A exacerbação dos meios instrucionais na Pedagogia tecnicista não é gratuita — está articulada com o entendimento teórico que a suporta.

Nas pedagogias consideradas de esquerda, ou as pedagogias que estão voltadas para uma perspectiva de transformação da sociedade, ocorre a mesma coisa. Ou seja, os procedimentos de ensino estão articulados e dependentes da perspectiva metodológica de cada uma delas.

A *Pedagogia libertária*, com sua perspectiva de autogestão, utiliza-se de procedimentos que impedem o papel diretivo do professor, sob pena de negar-se a si mesma. A *Pedagogia libertadora* utiliza-se do grupo de discussão para, por meio do diálogo entre os elementos do grupo, chegar ao nível de conscientização política de sua própria situação, colocando o educador apenas como o coordenador do grupo e animador cultural. Por que isto? Devido ao fato de que a Pedagogia libertadora está preocupada com a perspectiva de que os educandos adquiram consciência política de sua situação e de suas possibilidades de reação e luta contra a sociedade que os oprime.

A *Pedagogia crítico-social dos conteúdos*, que está preocupada com a perspectiva de elevação cultural dos educandos a partir da articulação entre o mundo vivido e a cultura elaborada, propõe-se utilizar procedimentos de ensino que viabilizem a retomada da vivência dos alunos, elevando-a a um novo patamar de compreensão, pela apropriação ativa dos conhecimentos elaborados pelo pensamento crítico (filosófico, científico).

3. Procedimentos de ensino no cotidiano escolar

Assim sendo, os *procedimentos de ensino* articulam-se em cada pedagogia tanto com a ótica teórica quanto com a ótica técnica do método. Os procedimentos operacionalizam resultados desejados dentro de uma determinada ótica teórica.

3. Procedimentos de ensino no cotidiano escolar

Será que nós, professores, ao estabelecermos nosso plano de ensino, ou quando vamos decidir o que fazer na aula, nos perguntamos se as técnicas de ensino que utilizaremos têm articulação coerente com nossa proposta pedagógica? Ou será que escolhemos os procedimentos de ensino por sua modernidade, ou por sua facilidade, ou pelo fato de dar menor quantidade de trabalho ao professor? Ou, ainda pior, será que escolhemos os procedimentos de ensino sem nenhum critério específico?

No cotidiano escolar, na maior parte das vezes, os procedimentos de ensino são selecionados sem critérios definidos criticamente, sem que se reflita claramente sobre o sentido e o significado de cada um deles. São escolhidos sem que se reflita sobre a articulação dos procedimentos com as propostas pedagógicas.

Ocorre que nem sempre as propostas pedagógicas são assumidas com clara consciência, daí a dificuldade em articular procedimentos com proposta. No geral, os procedimentos de ensino são retirados do arsenal já consagrado pela prática docente. Há um senso comum pedagógico que afirma que qualquer atividade é suficiente para que se consiga cumprir a tarefa docente. O professor está habituado — seja pela formação, seja pela prática, seja pela herança cultural comum que recebeu — a não se preocupar com a proposta pedagógica e, muito menos, com a articulação entre procedimentos de ensino e proposta pedagógica.

Na época de planejamento, na maioria das vezes, os professores *preenchem os formulários* que lhes são apresentados, mas não fazem planejamento propriamente dito, pois planejamento implica decisão. No próximo capítulo falaremos do planejamento. Por ora, importa lembrar que, normalmente, as decisões sobre os recursos técnicos do ensino não chegam a ser propriamente decisões, mas sim puras indicações de procedimentos e práticas que estão aí disponíveis. Os procedimentos são arrolados como se não tivessem que ter articulação com os objetivos pedagógicos. Os espaços do formulário de planejamento são utilizados como se fossem apenas espaços com rubricas a serem preenchidas e nada mais que isso. O item relativo aos procedimentos de ensino é preenchido por uma informação qualquer, já pronta e definida. No entanto, como vimos anteriormente, cada um dos procedimentos só faz sentido na medida em que está articulado com uma proposta pedagógica, que a traduz e a medeia, constituindo um todo harmônico.

Ao assumir a conduta comum, no que se refere à seleção de procedimentos de ensino, podemos ser conduzidos a mediar uma proposta pedagógica que, em princípio, rejeitamos. Por exemplo: podemos estar desejosos de que nossos alunos aprendam o conhecimento científico, mas usamos como procedimento de ensino um trabalho de grupo espontâneo. Será que com esse procedimento estaremos conduzindo nossos alunos à aprendizagem desse conhecimento? Ou estamos querendo que os nossos educandos aprendam a fazer uma coreografia, através da dança e, então, escolheremos deixá-los soltos, à vontade, cada um fazendo o que quiser. Será que, assim, estaremos possibilitando a disciplina necessária para a construção de uma coreografia? Ou, ao contrário, em uma atividade de artes plásticas, propomos que nossos alunos aprendam a expressão livre pela pintura e, como procedimento, lhes indicamos que recubram linhas já elaboradas em determinado papel. Será que, dessa forma, conseguiremos nosso objetivo?

Como se vê, cada finalidade exige um procedimento específico, como sua mediação, de tal forma que possa ser efetivamente alcançada. Não é qualquer procedimento que serve a qualquer finalidade. Os procedimentos necessitam estar alinhados com os fins.

O nosso cotidiano escolar brasileiro não tem sido um exemplo recomendável de articulação entre fins e meios, entre propostas pedagógicas e procedimentos de ensino.

4. Consequências para a prática docente

As discussões anteriores nos conduzem a algumas consequências para a prática docente.

Em primeiro lugar, para se definir procedimentos de ensino com certa precisão, é necessário ter clara uma proposta pedagógica, pois é ela que define os objetivos políticos e educacionais, assim como a perspectiva metodológica de ação.

Em segundo lugar, é preciso compreender que os procedimentos de ensino que vamos selecionar ou construir são mediações dessa proposta pedagógica e metodológica e, por isso, devem estar estreitamente articulados com ela.

Em terceiro lugar, se queremos efetivamente que nossa proposta pedagógica se traduza em resultados concretos, temos que selecionar ou construir procedimentos que conduzam a resultados. Resultados esses que poderão ser parciais agora, porém que sejam complexos com a dinâmica do tempo e da história.

Em quarto lugar, para que esses procedimentos tenham efetividade, não poderão ser selecionados ou constituídos com base no senso comum. O educador deve, ao lado de sua proposta pedagógica, lançar mão dos conhecimentos científicos disponíveis para tanto.

Em quinto lugar, como nem sempre conseguiremos, de imediato, selecionar o melhor procedimento para os objetivos que temos à frente, devemos estar permanentemente alertas para o que estamos fazendo, avaliando nossa atividade e tomando novas e subsequentes decisões. Com a meta à nossa frente, devemos utilizar todos os meios possíveis para alcançá-la. Se um procedimento não está sendo útil, não vale a pena insistir nele.

Retomando aqui tudo o que já discutimos neste livro, dentro da perspectiva da "escola que queremos", fica claro que para um ensino, que tem por objetivo político possibilitar a crianças, jovens e adultos a instrumentalização cultural para reivindicar e usufruir os bens materiais e espirituais desta sociedade e que, para tanto, necessita criar condições técnico-metodológicas para que os educandos assimilem ativamente (recebam, exercitem, apliquem e inventem) os conhecimentos, há necessidade de selecionar ou produzir procedimentos que efetivamente deem conta disso.

Então, caso deseje que o educando assimile um conhecimento existente, é preciso: a) encontrar o procedimento que possibilite essa aproximação entre o conhecimento existente e o educando (método expositivo); b) encontrar o procedimento que possibilite ao educando tornar propriamente "seu" esse conhecimento sob a forma de habilidade e hábito (exercitação); c) encontrar os procedimentos que garantam ao educando a transferência desse conhecimento para as múltiplas situações da vida (aplicação); e d) por último, encontrar procedimentos que assegurem ao educando utilizar-se dos conhecimentos, habilidades e hábitos já adquiridos como suporte para resolver novos problemas, criando novos conhecimentos (inventividade).

Se se deseja que os educandos desenvolvam um espírito pluralista e solidário, importa que os procedimentos deem conta disso, ao mesmo tempo que deem conta da assimilação dos conhecimentos.

Em síntese, procedimentos de ensino — as técnicas que são usadas no cotidiano da prática docente — dependem dos objetivos políticos e dos objetivos ensino/aprendizagem que se tenha. Eles não são casuais, mas sim intencionalmente selecionados, de tal modo que sirvam para construir o objetivo que temos.

5. Procedimentos de estudo e ensino

1. Questões para estudo e compreensão do texto

a) Que se entende por método e o que se entende por procedimentos de ensino? Quais são as semelhanças e as distinções entre eles?

b) Como se articulam as pedagogias (propostas pedagógicas), os métodos e os procedimentos de ensino?

FILOSOFIA DA EDUCAÇÃO

c) Como tem sido, na prática escolar, a utilização dos procedimentos de ensino, considerando a proposta pedagógica e o método que a traduz?

d) Como se pode proceder à articulação entre procedimento de ensino e proposta pedagógica?

2. Sugestões de temas para dissertação ou discussão em grupo

a) Pedagogia e Metodologia: análise crítica da prática docente escolar e sugestões.

b) Objetivos políticos da prática docente e procedimentos do ensino: uma abordagem crítica.

3. Sugestões bibliográficas para estudos complementares

JANUZZI, Gilbert Martino. *Confronto pedagógico*: Paulo Freire e Mobral. 3. ed. São Paulo: Cortez/Autores Associados, 1987.

SNYDERS, Georges. *Alegria na escola*. São Paulo: Manole,1988.

_____. *Para onde vão as pedagogias não diretivas*. Lisboa: Moraes Editores, 1978; ver especialmente o capítulo "O marxismo poderá inspirar uma pedagogia?", p. 309-365.

3ª PARTE

Da Pedagogia à prática docente

Capítulo 10

Didática: elemento articulador entre Pedagogia e prática docente

Este capítulo pretende sintetizar o que foi exposto nos anteriores e estabelecer uma articulação de todos os elementos com a prática docente. Mais apropriadamente: pretendemos articular Filosofia da Educação e prática docente escolar.

A didática, como direcionamento imediato da prática do ensino e da aprendizagem, servirá de elemento articulador entre as proposições teóricas e a prática escolar propriamente dita. Ela, tanto em sua fase de planejamento, quanto em sua fase de execução, é a mediação necessária para garantir a tradução da teoria pedagógica em prática pedagógica. Por meio dela, a concepção teórica da educação pode se fazer concreticidade histórica.

Com esse entendimento, vamos iniciar por uma sistematização dos princípios pedagógicos que discutimos anteriormente para, a seguir, abordarmos os movimentos fundamentais do processo didático e como eles podem efetivar a mediação entre a teoria e a prática. Nesta oportunidade, já não vamos mais justificar o significado de cada um destes princípios, desde que eles foram discutidos no decorrer dos capítulos anteriores. Agora, eles serão retomados, de forma sintética, tendo em vista sua reestruturação no contexto da didática.

1. Princípios pedagógicos

a) *Papel da escola*. A escola é uma instância de luta pela transformação da sociedade. Com isso, estamos entendendo que a escola é um lugar onde, também, se dão as contradições sociais que ocorrem na sociedade em que ela está situada e, por isso, ela participa dos processos sociais — contraditórios — de reprodução e transformação. A escola sofre múltiplas determinações sociais: tanto contém o que há de conservador na sociedade, quanto os gérmens da transformação social. Está metida no jogo das contradições sociais e, por isso, podemos e devemos usá-la como espaço de ação na luta por uma nova sociedade, onde as desigualdades tenham desaparecido e a libertação emergido.

Nessa perspectiva, concordamos com Snyders, que diz que não podemos esperar a chegada da sociedade nova e socialista para retirar da escola tudo o que ela pode dar na perspectiva de transformação da sociedade. Evidentemente, não faremos a revolução social por meio da escola — ela é impotente para tal. Mas podemos utilizá-la na perspectiva de preparar os caminhos da nova sociedade.

Tanto para se alcançar a sociedade nova, quanto para administrá-la, o domínio da cultura elaborada é necessário. Mas nada, na história e na sociedade, se faz repentinamente. A escola é um dos instrumentos que temos nas mãos para trabalhar por esse futuro.

b) *A educação não é neutra*. Articulado com o princípio anterior, assumimos que nem a educação e, consequentemente, nem a escola são neutras. Querendo ou não a ação educativa em geral, e a escolar em particular, está comprometida com alguma perspectiva filosófico-política. Quando não escolhemos explicitamente uma concepção teórica para direcionar nossa ação, seguimos a teoria dominante, que se transformou em senso comum e é por isso hegemônica. Assim, não temos saída: ou assumimos criticamente uma posição de comprometimento político, ou executamos nossa ação com um comprometimento político sobre o qual não temos consciência nem decisão. Em suma, a nossa opção é: ou temos uma opção filosófica consciente ou agimos por valores e finalidades que desconhecemos.

Os currículos, a seleção dos conteúdos, os procedimentos de ensino, os livros didáticos, nada é gratuito. Tudo está repleto de perspectivas ideológicas, seja através de um ideário de compromisso com a reprodução, seja através de um ideário de transformação da realidade. Em síntese, consciente ou inconscientemente, assumimos uma postura política através da escola e da educação. Como seres inteligentes, no entanto, é mais digno exercer a ação educativa e escolar através de um posicionamento claro, consciente e explícito.

c) *A escola como instância mediadora da elevação cultural dos educandos.* A educação e a escola, na dinâmica das relações sociais, devem exercer um papel crítico de elevação cultural do indivíduo e da sociedade. São instituições mediadoras de uma concepção de mundo e, como tal, podem exercer tanto a função de reprodutoras, quanto uma função transformadora da sociedade. No geral, têm servido mais à reprodução do que à transformação. Todavia, podem servir ao processo de transformação social, desde que sejam utilizadas em consonância com um efetivo entendimento a dinâmica social. Isso significa compreender as possibilidades e limites da prática educativa dentro de uma sociedade estruturada em classes, vivendo permanentemente a contradição que possibilite o movimento.

Para que a educação em geral (e a escola em particular) seja utilizada nessa perspectiva, acreditamos que o núcleo de atenção da prática escolar deva ser a apropriação dos conhecimentos acumulados pela humanidade. O espontâneo do dia a dia não é suficiente para exercer a crítica e possibilitar o avanço. A cultura elaborada é elemento necessário no processo de elevação cultural dos homens. Há continuidade entre o conhecimento vivido pelos seres humanos no seu cotidiano e a cultura elaborada propriamente dita. Porém, ao mesmo tempo, existe uma ruptura. A cultura elaborada é um passo crítico de entendimento do mundo, que ultrapassa as interpretações fragmentárias e, as superficialidades do conhecimento da práxis cotidiana. A educação, portanto, deve ter por objetivo a elevação cultural dos educandos através do processo de continuidade e ruptura cultural.

Como isso pode ser feito? Em primeiro lugar, através de permanente atenção à experiência cultural dos educandos; depois, por meio de um rompimento com ela, no sentido de possibilitar ao educando um novo patamar de entendimento e compreensão do mundo. Compreensão que servirá de fundamento para uma ação adequada e coerente, tanto do ponto de vista dos objetivos, quanto do ponto de vista operacional.

d) *Relação professor-aluno como meio necessário da elevação cultural do educando*. Para que isso se realize, torna-se necessária, na prática escolar, a relação professor-aluno. Entendemos que o professor, no jogo do processo educativo, é o elemento que detém o conhecimento mais elaborado sobre a prática social e, por *isso, possui autoridade pedagógica*. Deve, portanto, servir de elemento mediador da cultura elaborada em relação aos alunos, de tal forma que estes deem um salto, da interpretação cotidiana para a compreensão elaborada da realidade. A cultura elaborada, mediada pelo professor e pelos meios instrucionais, revivificada pelo aluno, é o trampolim que permite o salto para o novo patamar de compreensão.

Para isso, os alunos não devem simplesmente copiar a cultura elaborada. O processo adequado de elevação cultural parte do cotidiano vivido, que é revivido e analisado, levando-se em conta os elementos da cultura sistematizada. Desse modo, articulando o vivido com o elaborado, os educandos formulam sua cultura pessoal e sua forma de entendimento. O movimento de continuidade e ruptura no processo cultural, que se dá na vida do educando, exige a existência e a intervenção do educador. Ele é o polo que oferece o elemento novo, que permite a ruptura e conduz à síntese, isto é, à nova compreensão.

A relação professor-aluno, necessária nesse processo, deverá ser *participativa*. Com isso queremos dizer que a autoridade pedagógica do professor não deverá, de forma alguma, transformar-se em autoritarismo. A autoridade pedagógica está articulada com o papel de mediador da cultura elaborada e de elemento necessário para auxiliar o educando a dar o salto da interpretação cotidiana para uma interpretação elaborada da prática social. A autoridade pedagógica é diversa do autoritarismo: enquanto o autoritarismo está articulado com o disciplinamento moral, a autoridade pedagógica está articulada com a elevação cultural e crítica dos educandos. Enquanto aquele é disciplinador, esta é participativa. A autoridade pedagógica é uma forma de compromisso com o crescimento e com o avanço do educando. O autoritarismo tem compromisso com os padrões morais e sociais dominantes, com o disciplinamento.

e) *Continuidade e ruptura como elementos essenciais do processo de elevação cultural do educando.* Continuidade e ruptura compõem o processo essencial pelo qual os educandos se elevam de uma situação ingênua, do ponto de vista do conhecimento e da cultura, para uma perspectiva crítica e universal. Esse processo é elemento essencial em uma pedagogia que esteja preocupada com que os educandos elevem seu nível de entendimento do mundo e da realidade. Continuidade-ruptura é um processo que envolve o entendimento da contradição, segundo a qual o novo nasce do velho. O novo não é simplesmente a pura novidade, mas o velho superado por uma síntese vivificadora. O velho já não existe mais em si, mas está absolutamente incorporado ao novo. O novo foi engendrado dentro do velho, superando-o em nova forma sintética. No processo ensino-aprendizagem, isso se faz pela continuidade e ruptura cultural.

f) *Independência e reciprocidade.* Essa elevação cultural, através do processo continuidade-ruptura que tem o professor como um articulador necessário, leva a que os alunos adquiram um modo próprio e original de entender o mundo e a realidade, assim como a uma forma mais crítica de agir sobre ela. Esse resultado, do ponto de vista do educando, lhe garante a perspectiva de independência e, consequentemente, de reciprocidade. Quanto mais elevado é o entendimento do educando acerca da realidade, mais possibilidade ele tem de ser independente em relação à autoridade e, assim, de agir com reciprocidade em relação a essa autoridade. Ou seja, quanto mais alto o nível da cultura elaborada do educando, tanto maior é a sua possibilidade de independência frente ao professor, frente às opiniões, frente às tendências etc. Ele terá condições de analisá-los todos de forma crítica e, assim, poderá assumir posição de equivalência com todos esses elementos sociais. Isso significa a possibilidade de reciprocidade na relação, por oposição à dependência. Esse é o objetivo maior de nossa atividade docente: possibilitar que cada educando cresça e assuma posição de independência e reciprocidade, o que implicará, obrigatoriamente, originalidade.

Esses são os pontos — não exaustivos — que sintetizam um conjunto de princípios que encaminham a didática, como instrumento necessário da mediação educacional, especialmente da educação escolar.

A seguir, tentaremos articular esses princípios pedagógicos com a prática docente, através da didática, com elemento que define e filtra a forma prática de conduzir uma proposta pedagógica.

2. Elementos para uma didática

2.1 Pontos de referência do processo didático[1]

Os manuais de didática, em geral, abordam e discutem três temas básicos, que são as questões do planejamento, da execução e da avaliação do ensino. Aliás, esses três elementos não são nada mais do que a lógica da racionalidade humana no exercício da ação. Normalmente, cada um de nós, ao agir, define os objetivos e estipula os modos de consegui-los (planejamento), parte para realizar as ações que estabeleceu (execução) e, por último, analisa se as ações que estão sendo efetivadas estão satisfatórias na perspectiva do atendimento dos resultados pretendidos (avaliação). Todas as nossas ações, desde as mais simples até as mais complexas, seguem essa tramitação, ainda que a maior parte delas não seja realizada com o rigor de reflexão e decisão aqui descrito.

A didática, como uma forma de ação humana — a ação do ensino — não poderia, evidentemente, fugir a este esquema racional.

Na sugestão seguinte vamos seguir esse esquema metodológico.

---

1. O texto que se segue foi publicado sob o título "Elementos para uma didática no contexto de uma pedagogia para a transformação". In: *Anais da III CBE*. São Paulo: Loyola, 1984.

FILOSOFIA DA EDUCAÇÃO

2.2 Elementos para uma didática

2.2.1 Planejamento

O planejamento não é uma ação neutra, como afirmou Delfim Netto: "é importante que todos compreendam que o planejamento é uma simples técnica de administrar recursos e que, em si, é neutra".[2]

É fundamental observar que o autor propõe um desejo de que "todos compreendam" que o ato de planejar é um ato neutro, o que não necessariamente quer dizer que o seja. Ao contrário, é uma ação política, é um processo de tomada de decisões para a ação, frente a entendimentos filosófico-políticos do mundo e da realidade. Desse modo, não pode ser reduzido, como tem acontecido na maior parte das vezes na prática educacional, ao preenchimento de formulários no início de um semestre ou ano letivos.

O exercício do planejamento didático, normalmente, tem sido um modo de classificar superficialmente recursos disponíveis por uma possível ação que se vai realizar, deixando de assumir, *conscientemente*, seu papel político, para servir de instrumento de "administração da escassez de recursos". Aliás é isso que se encontra nos livros didáticos sobre planejamento.[3]

O planejamento, no caso da didática e de todas as formas de ação humana, é o momento em que decisões são tomadas. É o filtro por onde devem passar todos os elementos pedagógicos que admitimos criticamente. No caso da educação escolar, para planejar torna-se necessário ter presentes todos os princípios pedagógicos a serem operacionalizados, de tal forma que sejam dimensionados para que se efetivem na realidade educativa. Os princípios devem ser mediados para se tornarem realidade. O planejamento é uma prática necessária dessa mediação.

---

2. Netto, D. Planejamento para o desenvolvimento econômico. In: Holanda, Nilson. *Planejamento e projetos*. Rio de Janeiro: Apec, 1977, p. 13-4.

3. Luckesi, Cipriano Carlos. Compreensão filosófica e prática educacional: planejamento em educação. In: *O papel da filosofia na ação educativa*. Rio de Janeiro, 1980. (Mimeo.)

Para que isso ocorra, não se pode encarar o planejamento como ação puramente formal. Ele deve ser uma ação viva e decisiva, pois é um ato político decisório.

A atual prática de transformar a didática em receituário técnico de matrizes (termo estático) de planejamento, de técnicas de manipulação de classe (grupo de alunos), de modos de condução de atividades docentes, não auxilia em nada a atividade de planejar. Ao contrário, atrapalha, na medida em que torce e desvia o verdadeiro sentido e significado deste ato.

O planejamento, entendido como ato político, será dinâmico e constante, pois estará afeito a uma constante tomada de decisão. Não necessariamente deverá ser registrado em documento escrito. Poderá tão somente ser assumido como uma decisão e permanecer na memória viva como guia da ação. Aliás, só como memória viva ele faz sentido. Papéis e formulários são simplesmente mecanismos de registro e fixação gráfica do decidido. Não queremos dizer, com isso, que não se devam registrar as decisões do planejamento. Estamos, sim, afirmando que, em primeiro lugar, o planejamento é um ato decisório político. Realizado este ato, ele pode e deve ser registrado. Só aí é que os formulários fazem sentido.

A prática do planejamento didático tem sido realizada, na maior parte das vezes, como um ato ingênuo de preenchimento de formulários, seja para a administração acadêmica dos estabelecimentos de ensino, seja para as diretorias e órgãos administrativos da educação, no nível do Estado ou da federação. No entanto, este reducionismo da prática do planejamento é uma forma politicamente ingênua de pensar e agir, pois, ao contrário de ser neutra, a prática de planejar está a serviço de alguma finalidade mais abrangente. Para a oficialidade é mais interessante que todos continuem a acreditar que esta atividade é, em si, neutra, e que ela se destina tão somente à distribuição racional de recursos, tendo em vista maior rendimento. Realizar o planejamento como se ele fosse neutro é processá-lo segundo os moldes que estão estabelecidos nos livros de didática (que se não são oficiais, são oficiosos!), nas prescrições de conteúdo e de metodologia de ensino. E isto significa estar no contexto do pensamento oficial que se transforma, cada dia mais, em senso comum. O ato de planejar (como distribuição de recursos) também é um ato fundamentalmente político, mas, infelizmente, inconsciente e absolutamente inconsistente para uma prática educacional que tenha uma perspectiva de transformação.

Se o planejamento é uma atividade conscientemente política, no contexto da pedagogia, que elementos devem ser levados em conta para a sua realização? Evidentemente, todos os princípios que tivemos oportunidade de definir como pressupostos de nossa ação: estar centrado no político, realizar-se em um processo de aprendizagem democrática que conduza à competência nos conhecimentos já estabelecidos e na capacidade crítica de produzir novos entendimentos etc. O planejamento, desse modo, depende da solução de questões fundamentais que envolvem todo o arcabouço teórico-filosófico-político que temos claro como o norte de nossa ação.

Na prática didática, a ação de planejar não pode ser relegada a segundo plano. Ela não pode ser reduzida somente às atividades que se destinam a satisfazer os anseios de controle da administração; tem que ser assumida como um dos momentos e elementos básicos da ação, porque é um momento culminante de decisão

2.2.2 Execução da ação planejada

Definida a ação, vamos à execução. Na pedagogia que vimos tentando definir, o exercício das atividades não possui um receituário definido, por isso não pode ser maquinal nem costumeiro. Todos os dias, no momento em que cada atividade se reinicia, exige-se um ato consciente sobre aquilo que se vai fazer. Na execução, é preciso estar ciente da finalidade do ato que se vai praticar. Para isso, vale aqui lembrar o mecanismo da ação-reflexão. Ele é o instrumento básico de vigilância sobre a ação que visa a um objetivo claro e consciente a ser alcançado.

As soluções de encaminhamento do exercício do ensino terão que ser formuladas, criteriosamente, na prática. Desde que se saiba, com clareza e definição, *onde se quer chegar* (objetivos filosófica e politicamente definidos), os meios serão descobertos a partir de uma reflexão curiosa e crítica sobre a própria ação circunstancializada. Ou seja, tendo presentes os fins onde se deseja chegar, a interação reflexiva do educador com os acontecimentos permitir-lhes-ão identificar os modos de ação adequados e necessários. A humanidade sempre conseguiu descobrir os meios de satisfazer suas necessidades, desde que, antes, já tivesse conseguido identificá-las. Por que o educador não o conseguirá também?

Essa proposta de forma alguma prega o *espontaneísmo* na condução da ação educacional. Quer simplesmente indicar que o educador deverá construir, com rigor, constantemente, o seu caminho. Terá que descobrir os modos mais adequados de ação, pois não são dados.

A prática pedagógica manifestar-se-á, dessa maneira, como uma verdadeira "práxis", na qual prática e teoria serão dois elementos do mesmo processo. Nem será um "receituário teórico" definitivo que dará o tom para a ação, nem será um ativismo espontâneo que servirá de norma. Haverá, sim, uma ciência forjada na atividade diuturna, que se constituirá no guia para a ação.

O mecanismo ação-reflexão garantirá assim, ao educador, uma forma metodológica, racional e dinâmica, para a criação de um corpo de conhecimentos próprios e originais, independentes e inovadores, situados e não restritivos. Conhecimentos que lhe possibilitarão, se o desejar, a condução mais adequada de uma ação politicamente definida.

Além das consequências de vigilância sobre a ação e de instrumento metodológico da produção de conhecimento, o mecanismo ação-reflexão permitirá, a cada um que o utiliza, perceber com mais clareza o conhecimento como fator necessário de compreensão e iluminação do mundo, na perspectiva de uma ação rigorosa. Mais ainda, perceber-se-á que o conhecimento não se produz só nos gabinetes dos especialistas, mas que poderá ser forjado no dia a dia. Como decorrência dos aspectos anteriormente citados, podemos dizer que essa metodologia, se utilizada com adequação, impede a fossilização do profissional; ao contrário, exige dele uma "natural" atualização, desde que entendimentos novos emergem no contexto da atividade. E isto leva a perceber que poderá ser conduzida com segurança, pois o profissional estará com conhecimento de causa, ou seja, estará sendo o detentor de um entendimento que emergiu de sua situação de trabalho e a ela mesma poderá e deverá ser aplicada. É um conhecimento nascido dos fatos, não só dos livros.[4] Com isso não queremos negar nem reduzir o valor da leitura, que é fundamental, porque nos traz a compreensão que outros tiveram do mundo e das atividades. Contudo, terá que ser uma leitura assimilada, no sentido de que retém o útil e elimina o inútil, para não cair no verbalismo chocho e inócuo.[5] A leitura, como vimos, é um modo de elevação cultural.

Assim, a didática, no contexto de uma pedagogia atenta à transformação, terá que ser forjada na prática, ou seja, o modo de ensinar não será gratuito, mas formulado dentro das circunstâncias de trabalho com o auxílio de informações e princípios já estabelecidos e universalizados. Não será, com certeza, um caminho fácil, porque certamente exigente, rigoroso e construído (não está pronto). Contudo, será rico e satisfatório para os objetivos que se têm à frente.

2.2.3 Avaliação da ação executada

Uma ação em execução ou já executada, em decorrência de decisões prévias, necessita ser apreciada. Isso é o óbvio a todos nós, mas nem sempre ela é executada com a atenção voltada para a transformação, orientada para onde indica o próprio conceito de avaliação, como teremos oportunidade de discutir.

Para a pedagogia que vimos tentando definir, a avaliação torna-se instrumento fundamental, na medida em que ela seja exercida segundo o seu significado constitutivo. Vale lembrar, desde já, que o mecanismo ação-reflexão-ação é importante para que a avaliação cumpra o seu papel, vamos dizer, ontológico. Ou seja: o julgamento qualitativo da ação deve estar em função do aprimoramento dessa mesma ação.

---

4. Luckesi, Cipriano Carlos. Independência e inovação em tecnologia educacional. In: *Tecnologia educacional*, Rio de Janeiro, v. 11, n. 47, p. 6-15, jul./ago. 1982.

5. Luckesi, Cipriano Carlos. O leitor no ato de estudar a palavra escrita. In: *Fazer universidade*. São Paulo: Cortez, 1984, p. 136-46.

Vamos iniciar pelo entendimento do que seja avaliação. Um conceito óbvio, conhecido de todos, é: a avaliação é um julgamento de valor sobre manifestações relevantes da realidade para uma tomada de decisão.

Em primeiro lugar,[6] é um *juízo de qualidade* que nada mais significa que uma afirmação ou negação qualitativa sobre alguma coisa, tendo como base critérios estabelecidos previamente. No caso da educação, padrões e expectativas consciente e politicamente ordenados. Em segundo lugar, esse juízo é estabelecido sobre *manifestações relevantes da realidade*, que nada mais são que os aspectos da realidade que se relacionam com o objetivo que se tem à frente. Essas manifestações são caracteres "físicos" da realidade. "Físico", aqui, é tomado no sentido grego de pertencer à natureza do objeto. E, mais, são todos os caracteres relevantes e não alguns que estejam interessando no momento. A avaliação exige o uso da categoria da totalidade e não o reducionismo focalista. O reducionismo das manifestações é fundamental para o processo de escamoteamento da realidade, tornando possível o juízo melhor ou pior, a depender de interesses extraprocesso de avaliação; permitindo, desse modo, o arbitrário. Por último, decorrente do fato de ser um juízo qualitativo, a avaliação exige uma *tomada de decisão*, exige um posicionamento de não indiferença, diante do objeto que está sendo ajuizado. Desse caráter decorre o dinamismo constitutivo da avaliação. Por si, ela não conduz à simples classificação de alguma ação ou pessoa e sua consequente "museologização" (colocar no museu), mas sim à transformação, ao crescimento. Uma ação, quando julgada adequada a partir de suas manifestações, poderá ser mantida ou aprofundada; se, ao contrário, for admitida como inadequada, poderá ser reformulada e reencaminhada. A avaliação, em si mesma, é um instrumento de dinamismo e progresso. Daí porque lembrávamos, acima, a importância do mecanismo ação-reflexão-ação no exercício da prática da avaliação.

---

6. Luckesi, Cipriano Carlos. Avaliação educacional: pressupostos conceituais. *Tecnologia educacional*. Rio de Janeiro, v. 7, n. 24, p. 5-12, set./out. 1978; Avaliação: otimização do autoritarismo. In: *Equívocos teóricos na prática educacional*. 2. ed. Rio de Janeiro: ABT, 1983, p. 44-52. Ver ainda do mesmo autor. Compreensão filosófica e prática educacional: avaliação em educação. In: *O papel da filosofia na ação educativa*. Rio de Janeiro, 1980, p. 78-89. (Mimeo.)

No geral, na atual prática educativa, a avaliação tem fugido ao seu significado constitutivo. Em primeiro lugar, ela é assumida como *classificatória*, pois que aí está a arma de uma pedagogia autoritária e conservadora. Como o educador possui o poder arbitrário de classificar, em definitivo, sem tribunal de apelação, um educando, possui também a chave que impede (consciente ou inconscientemente) o processo de crescimento para a liberdade e autonomia e para o processo do conhecimento. Aquele que aprendeu, aprendeu. O que não aprendeu, fica como está. É a classificação por notas ou conceitos. Desse modo, tanto será arbitrário e maléfico o educador "bonzinho" que, piedosamente, facilita a vida dos educandos, classificando-os em níveis qualitativos que ainda não possuem, como será arbitrário e maléfico o educador "durão" que, ardilosamente, cria artifícios para "quebrar" os educandos em testes e provas. Ambos estão trabalhando para um processo antidemocrático de verdadeiro acesso ao saber e à competência necessários para a vivência em sociedade. E a isso some-se o exemplo fascista de conduta, que tem amplas possibilidades de ser reproduzido no futuro. A conduta de muitos educadores (se é que o são) é cópia de seus antigos mestres.

Essa prática autoritária da avaliação se dá em decorrência do senso comum autoritário dentro do qual vivemos, do espírito fascista que nos cerca e do consequente escamoteamento do sentido, significado e prática da avaliação.

Em uma pedagogia preocupada com a transformação, o exercício da avaliação não poderá ser nem "piedoso" nem "durão". Terá que ser adequado, normatizado pela própria amplitude constitutiva desta ação, conforme ensaiamos caracterizar acima, ou seja, norteada por uma visão de totalidade sobre dados relevantes, na perspectiva de encaminhar a ação e não estagná-la pela classificação.

3. Conclusão

Rejeitando uma pedagogia analiticamente identificada como reprodutora do sistema social, optamos por uma pedagogia voltada para a transformação. Para tanto, essa pedagogia deve estar centrada no ser humano enquanto ser político e, em consequência disso, ser ideologicamente definida. Para executá-la, é preciso uma relação democrática entre educador e educando, dando atenção a dois elementos básicos do processo cultural — a continuidade e a ruptura no processo de elevação cultural. Para tanto, a didática necessita agir politicamente no planejamento, na execução e na avaliação do ensino.

A avaliação exercerá adequadamente o seu papel na medida em que ela esteja articulada com o *conteúdo* proposto para a educação. Ela deve possibilitar verificar se esse conteúdo está sendo cumprido adequadamente.

Lembrando que Snyders disse que o conteúdo define a proposta pedagógica, a avaliação deverá estar a serviço dessa proposta. Se está clara a definição do "ser humano que se quer formar", a avaliação tem por objetivo subsidiar esse esforço. Como processá-la dependerá desse conteúdo, desde que ela não pode existir independente dele. Ela tem sido autoritária exatamente porque tem-se dado de forma desvinculada dos conteúdos pedagógicos.

4. Procedimentos de estudo e ensino

1. Questões para estudo e compreensão do texto

a) Quais são os princípios indicados pelo autor a serem levados em consideração na prática pedagógica? Concorda com eles? Por quê?

b) Qual tem sido a prática de planejamento escolar? Que é, de fato, planejamento de ensino?

c) Que se entende por execução do ensino? Como a prática de ensino pode ser uma permanente oportunidade de atualização para o professor?

d) Como se dá a atual prática de avaliação escolar? Você concorda com ela? O que sugere para melhorá-la?

e) Como você pode apresentar, articuladamente, princípios pedagógicos, planejamento, metodologia e avaliação do ensino?

2. Sugestões de temas para dissertação ou discussão em grupo

a) A atual prática docente: que princípios a dirigem?

b) A atual prática didática: desvios e encaminhamentos.

3. Sugestões bibliográficas para estudos complementares

CANDAU, Vera (Org.). *A didática em questão*. Petrópolis: Vozes, 1983.

LOPES, Antonia Osima et al. *Repensando a didática*. Campinas: Papirus, 1988.

LUCKESI, Cipriano Carlos. Avaliação educacional escolar: para além do autoritarismo. *Tecnologia educacional*. Rio de Janeiro: Associação Brasileira de Tecnologia Educacional, n. 61, p. 6-15.

Anexo

Sugestões de livros para leitura paralela pelos alunos

Os títulos de livros que se seguem compõem uma pequena lista de sugestões para leitura paralela pelos alunos de *Filosofia da Educação*. Ao lado do estudo dos capítulos do presente livro, o professor poderá proceder a seminários de leituras, indicando um destes títulos ou outro qualquer que considere significativo. Como dissemos na Introdução, estas leituras serão complementares ao desenvolvimento do curso e destinam-se à ampliação da visão dos alunos e ao contato com outros autores.

FREIRE, Paulo. *Extensão* ou *comunicação?* Rio de Janeiro: Paz e Terra, 1977.

_____. *Pedagogia do oprimido.* Rio de Janeiro: Paz e Terra, 1975.

LIBÂNEO, José Carlos. *Democratização da escola pública*: a pedagogia crítico-social dos conteúdos. São Paulo: Loyola,1985.

MELLO, Guiomar Namo de. *Magistério do 1º grau*: da competência técnica ao compromisso político. São Paulo: Cortez/Autores Associados, 1982.

NIDELCOFF, Maria Tereza. *Uma escola para o povo.* São Paulo: Brasiliense, s/d.

RODRIGUES, Neidson. *Lições do príncipe e outras lições.* São Paulo: Cortez/Autores Associados, 1987.

SAVIANI, Dermeval. *Escola e democracia.* São Paulo: Cortez/Autores Associados, 1983.

SEVERINO, Antonio Joaquim. *Educação, ideologia e contraideologia.* São Paulo: Editora Pedagógica Universitária, 1986.

SILVA, Sonia Aparecida Ignácio. *Valores em educação.* Petrópolis: Vozes, 1986.

SOBRINO, Encarnación. *Ideologia e educação*: reflexões teóricas e propostas metodológicas. São Paulo: Cortez/Autores Associados, 1986.

Bibliografia geral

ALTHUSSER, Louis. *Ideologia e aparelhos ideológicos de Estado*. Lisboa: Editorial Presença, s/d.

BASBAUM, Leôncio. *Sociologia do materialismo*. São Paulo: Símbolo, 1978.

BOURDIEU, Pierre; PÀSSERON, Claude. *A reprodução*. Rio de Janeiro: Francisco Alves, 1975.

BUZZI, Arcângelo. *Introdução ao pensar*. Petrópolis: Vozes, 1973.

CURY, Carlos R. Jamil. *Educação e contradição*. São Paulo: Cortez/Autores Associados, 1983.

DANILOV, M. A.; SKATKIN, M. N. *Didáctica de la escuela media*. Havana: Editorial Puebloy Educación, 1978.

FREIRE, Paulo. *Ação cultural como prática de liberdade*. Rio de Janeiro: Paz e Terra, 1976.

_____. *Educação como prática de liberdade*. Rio de Janeiro: Paz e Terra, 1977.

_____. *Pedagogia do oprimido*. Rio de Janeiro: Paz e Terra, 1979.

FREITAG, Bárbara et al. *O livro didático em questão*. São Paulo: Cortez/Autores Associados, 1989.

GRAMSCI, Antonio. *Concepção dialética da história*. Rio de Janeiro: Civilização Brasileira, 1978.

_____. *Os intelectuais e a organização da cultura*. 4. ed. Rio de Janeiro: Civilização Brasileira, 1982.

IANNI, Octávio. *Dialética e capitalismo*. 3. ed. Petrópolis: Vozes, 1988.

KLINGBERG, Lothar. *Introdución a la didáctica general*. Havana: Editorial Pueblo y Educación, s/d.

LIBÂNEO, José Carlos. *Democratização da escola pública*: pedagogia crítico-social dos conteúdos. São Paulo: Loyola, 1985.

LUCKESI, Cipriano. Elementos para uma didática no contexto de uma pedagogia para a transformação. In: *Anais da III CBE*. São Paulo: Loyola, 1984.

_____. Avaliação educacional escolar: para além do autoritarismo. In: *Tecnologia Educacional*, revista da ABT, n. 61, p. 6-15.

_____ et al. *Fazer universidade*: uma proposta metodológica. 5. ed. São Paulo: Cortez, 1989.

MANACORDA, Mario Alighiero. *História da educação*: da antiguidade aos nossos dias. São Paulo: Cortez/Autores Associados, 1989.

MARX, Karl. *A ideologia alemã*. Lisboa: Editorial Presença, s/d.

_____. *O capital*, Livro I. Rio de Janeiro: Civilização Brasileira, 1969. v. 1.

_____. *O Dezoito Brumário de Luís Bonaparte*. Rio de Janeiro: Paz e Terra, 1974.

OLIVEIRA, Alaide Lisboa. *O livro didático*. Rio de Janeiro: Tempo Brasileiro, 1986.

PARO, Victor. *Administração escolar*: introdução crítica. São Paulo: Cortez/Autores Associados, 1986.

PLEKANOV, G. *Concepção materialista da história*. Rio de Janeiro: Paz e Terra, 1977.

POLITZER, Georges. *Princípios fundamentais de filosofia*. São Paulo: Hemus, s/d.

PONCE, Anibal. *Educação e luta de classes*. São Paulo: Cortez/Autores Associados, 1982.

SAVIANI, Dermeval. *Escola e democracia*. São Paulo: Cortez/Autores Associados, 1987.

_____. *Educação*: do senso comum à consciência filosófica. São Paulo: Cortez/Autores Associados, 1980.

SNYDERS, Georges. *Escola, classe e luta de classes*. 2. ed. Lisboa: Moraes Editores, 1981.

_____. *Alegria na escola*. São Paulo: Manole, 1989.

VASQUEZ, Adolfo Sanches. *Filosofia da práxis*. Rio de Janeiro: Paz e Terra, 1977.

GRÁFICA PAYM
Tel. [11] 4392-3344
paym@graficapaym.com.br